Erste Schritte mit Zoom

EIN LEITFADEN FÜR EINSTEIGER IN VIDEOKONFERENZEN

Scott La Counte

ANAHEIM, KALIFORNIEN

www.RidiculouslySimpleBooks.com

Copyright © 2020 von Scott La Counte.

Alle Rechte vorbehalten. Kein Teil dieser Publikation darf ohne vorherige schriftliche Genehmigung des Herausgebers in irgendeiner Form oder mit irgendwelchen Mitteln, einschließlich Fotokopien, Aufzeichnungen oder anderen elektronischen oder mechanischen Methoden, vervielfältigt, verbreitet oder übertragen werden, mit Ausnahme kurzer Zitate, die in kritischen Rezensionen enthalten sind, und bestimmter anderer nichtkommerzieller Verwendungen, die nach dem Urheberrecht zulässig sind.

Eingeschränkte Haftung/Gewährleistungsausschluss. Obwohl dieses Buch nach bestem Wissen und Gewissen erstellt wurde, geben der Autor und die Herausgeber keinerlei Zusicherungen oder Garantien ab und übernehmen keinerlei Haftung in Bezug auf die Richtigkeit oder Vollständigkeit des Inhalts. Insbesondere können weder der Autor noch die Herausgeber gegenüber natürlichen oder juristischen Personen für Verluste oder zufällige oder Folgeschäden haftbar gemacht werden, die direkt oder indirekt, ohne Einschränkung, durch die hierin enthaltenen Informationen oder Programme verursacht wurden oder angeblich verursacht wurden. Darüber hinaus sollten sich die Leser darüber im Klaren sein, dass die in diesem Werk aufgeführten Internetseiten sich geändert haben oder verschwunden sein können. Dieses Werk wird in dem Bewusstsein verkauft, dass die darin enthaltenen Ratschläge nicht für jede Situation geeignet sein können.

Warenzeichen. Wo in diesem Buch Warenzeichen verwendet werden, bedeutet dies keine Billigung oder Zugehörigkeit zu diesem Buch. Alle in diesem Buch verwendeten Warenzeichen (einschließlich, aber nicht beschränkt auf Screenshots) werden ausschließlich für redaktionelle und pädagogische Zwecke verwendet.

Inhaltsübersicht

Einführung 9

Willkommen bei Zoom 11

   Verstehen der Zoom-Preise 11

   Zoom vs. Google Meet (früher Hangouts) 13

   Anmeldung 14

Erste Schritte 19

   Ihr Profil bearbeiten 19

   Gastgeber für Ihr erstes Treffen 22

   Meeting-Optionen 25

   Vorheriges Treffen 25

   Persönlicher Besprechungsraum 26

   Meeting-Vorlagen 26

   Einstellungen 28

   Einstellungen (Basic) 30

   Einstellungen (Erweitert) 34

   Einstellungen (Sonstiges) 37

Ihr erster Videoanruf 39

   Eine Besprechung beginnen 39

   Grundlagen der Zoom-Konferenz 41

   Mikrofon-Einstellungen 44

   Alle stummschalten 47

Virtueller Hintergrund 48

Benutzer umbenennen 52

Chatten im Zoom 53

Breakout-Sitzungen 56

Zuweisung von Gruppenräumen vor der Konferenz 63

Fenster-Ansichten 68

Erweiterte Konferenzeinstellungen 72

Zoom-Konferenzeinstellungen 72

Gemeinsame Nutzung Ihres Bildschirms 80

Notizen und Whiteboards 82

Menschen in einer Besprechung führen 85

Reaktionen 86

Nur kostenpflichtige Funktionen 87

Zoom verwalten 91

Benutzerverwaltung 91

Konzernleitung 93

Rollenmanagement 95

Raum-Management 96

Kalenderintegration und digitale Beschilderung 97

Kontoführung 101

Fortgeschrittene 103

Webinare 105

Über den Autor 107

6 | *Erste Schritte mit Zoom*

Haftungsausschluss: Bitte beachten Sie, dass dieses Buch trotz aller Bemühungen um Genauigkeit nicht von Zoom Video Communications, Inc. unterstützt wird und als inoffiziell betrachtet werden sollte.

Einführung

Die Zeiten haben sich gewiss geändert. Es ist noch gar nicht so lange her, da waren Videokonferenzen der letzte Schrei. Es war etwas, das teure Unternehmen für Vorstandssitzungen mit Leuten, die nicht kommen konnten, verwendeten.

Das ist auch heute noch so, aber Videokonferenzen haben sich weiterentwickelt. Heute werden sie sowohl global als auch regional eingesetzt, um Mitarbeiter an entfernten Standorten zu verbinden.

Da immer mehr Unternehmen zu teilweise oder vollständig dezentralen Arbeitsumgebungen wechseln, ist das Verständnis für Videokonferenzen ein Muss.

Wie die meiste Software ist auch Zoom recht einfach in Betrieb zu nehmen, aber es dauert seine Zeit, bis man die leistungsfähigsten Funktionen erlernt hat. In diesem Buch erfahren Sie, was Sie wissen müssen, um ein Power-User von Zoom zu werden.

[1]
WILLKOMMEN BEI ZOOM

> Dieses Kapitel behandelt:
> - Das Preismodell von Zoom
> - Was Zoom einzigartig macht
> - Wie man sich anmeldet

VERSTEHEN DER ZOOM-PREISE

Die erste Frage, die sich die meisten Leute stellen, wenn sie sich für Zoom anmelden, ist wahrscheinlich eine finanzielle Frage: Soll ich bezahlen? Der kostenlose Plan von Zoom ist ein Produkt mit vollem Funktionsumfang. In diesem Buch geht es fast ausschließlich um Funktionen, für die Sie nicht bezahlen müssen! Warum in aller Welt sollten Sie also für etwas bezahlen, das kostenlos ist?

Die Antwort darauf hängt weitgehend davon ab, wie Sie es nutzen werden. In diesem Abschnitt erfahren Sie, welcher Plan für Sie der richtige ist.

Der größte Nachteil des kostenlosen Plans ist die begrenzte Dauer der Besprechung: Sie beträgt 40 Minuten (es sei denn, Sie haben weniger als drei Teilnehmer).

Der kostenlose Plan ist auf einen Host und 100 Benutzer beschränkt. Das ist für die meisten Menschen wahrscheinlich ausreichend. Wenn Sie mehr benötigen, ist ein Upgrade sinnvoll. Beim Enterprise-Tarif können bis zu 1.000 Teilnehmer an einem Gespräch teilnehmen.

Die nächste Stufe nach kostenlos ist der Basic-Plan (14,99 $ pro Monat und Gastgeber). Damit können Sie Meetings für bis zu 24 Stunden veranstalten - aber im Ernst: Wenn Sie ein 24-Stunden-Meeting veranstalten, sollten Sie vielleicht Urlaub nehmen, denn das ist anstrengend! Außerdem erhalten Sie eine persönliche Meeting-ID, was sehr praktisch ist, wenn Sie jede Woche dasselbe Meeting veranstalten. Auf diese Weise können Sie den Teilnehmern einen Link zum Ort der Besprechung geben und müssen nicht jedes Mal in letzter Minute einen neuen Link angeben, wenn die Besprechung stattfindet. Schließlich können Sie eine Besprechung in der Cloud aufzeichnen (mit dem kostenlosen Plan können Sie eine Besprechung lokal aufzeichnen, d. h. auf der Festplatte Ihres Computers).

Für die meisten kleinen Unternehmen ist der Basic-Tarif sehr gut geeignet. Es gibt zwei wichtige Funktionen, die ein Upgrade auf den Pro-Tarif (19,99 $ pro Monat und Gastgeber) lohnenswert machen: Erstens können Sie mit dem Pro-Tarif bis zu 300 Teilnehmer erreichen, und zweitens können Sie Ihr eigenes Firmen-Branding verwenden - das kann nützlich sein, wenn Sie viele Kunden haben und Ihren Meetings einen hochwertigeren Charakter verleihen möchten.

Es sollte auch darauf hingewiesen werden, dass Zoom auch spezielle Pläne für verschiedene Branchen wie Bildung und Telemedizin anbietet.

Schließlich sei noch darauf hingewiesen, dass es Premium-Zoom-Zusatzmodule gibt. Das größte davon ist für Webinare. Technisch gesehen können Sie eines über Ihr kostenloses oder kostenpflichtiges Konto veranstalten, aber es gibt einen 40-Dollar-Webinar-Plan pro Monat, der Funktionen wie Fragen und Antworten und die Möglichkeit bietet, das Webinar live auf Facebook oder YouTube zu zeigen.

ZOOM VS. GOOGLE MEET (FRÜHER HANGOUTS)

Die nächste Frage, die sich viele Benutzer wahrscheinlich stellen werden, lautet: Warum Zoom? Es gibt noch andere Anbieter von Videokonferenzen.

Zoom ist vielleicht das bekannteste, aber was ist mit Google Meet? Das ist kostenlos und lässt sich perfekt in Ihr Google-Konto integrieren.

Es kommt wirklich auf Sie und Ihr Unternehmen an. Google Meet ist eine erstaunliche Software. Sie eignet sich hervorragend für kleinere Meetings - und kann sogar größere Meetings verwalten.

Der größte Unterschied zwischen den beiden besteht in den Funktionen. Google Meet ist sehr einfach gehalten. Es verfügt über fast alle Funktionen, die in diesem Buch behandelt werden. Das mag für kurze tägliche Scrum-Anrufe gut funktionieren, aber ein größeres Meeting zu veranstalten, das separate Meetings erfordert, wird problematischer sein.

Es gibt auch kleinere Details, z. B. lässt Google Meet keinen benutzerdefinierten Hintergrund zu, was für viele Zoom-Nutzer zur Lieblingsfunktion geworden ist.

ANMELDUNG

Die Anmeldung bei Zoom ist ziemlich einfach.
Gehen Sie zu Zoom.us und klicken Sie auf die Schaltfläche "Anmelden".

SIGN UP, IT'S FREE

Das erste, was Sie sehen werden, ist ein Formular zur Altersverifizierung. Ich weiß, dass manche Leute gerne über ihr Alter lügen. Ich empfehle das hier nicht - vor allem, weil das alles privat ist -, aber wenn Sie es tun, stellen Sie sicher, dass Sie es so tun, dass Sie über 18 sind.

Wenn du ein Alter unter 18 Jahren angibst, erhältst du die Meldung, dass du nicht berechtigt bist, dich für Zoom anzumelden.

Diese Meldung verschwindet nicht, wenn Sie Ihren Browser aktualisieren. Die einzige Möglichkeit, sie zu löschen, damit Sie sich anmelden können, ist, Ihren Cache zu leeren oder einen anderen Browser zu verwenden.

Sobald Sie Ihr Alter hinzugefügt haben, müssen Sie entweder Ihre Arbeits-E-Mail hinzufügen (d. h. die E-Mail, mit der Kunden und Kollegen Sie kontaktieren) oder sich mit SSO (für Benutzer, die sich bei einer benutzerdefinierten Zoom-Domäne eines Unternehmens anmelden - die meisten Benutzer werden dies nicht verwenden), Google oder Facebook anmelden.

Ich empfehle Google. Es gibt keine Passwörter, die man sich merken muss. Aber das bleibt wirklich Ihnen überlassen. Wenn Sie das eine oder das andere verwenden, erhalten Sie keine Kontovorteile bei Zoom.

Sign Up Free

Your work email address

Zoom is protected by reCAPTCHA and the Privacy Policy and Terms of Service apply.

Sign Up

Already have an account? Sign in.

or

Sign in with SSO

Sign in with Google

Sign in with Facebook

Wenn Sie Mit Google anmelden wählen, werden Sie gefragt, welches Google-Konto Sie verwenden möchten.

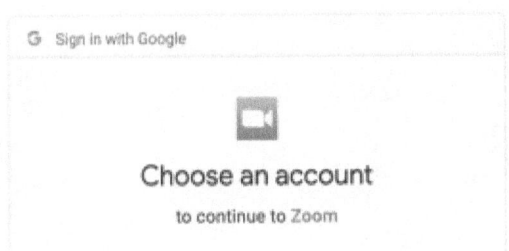

Sobald Sie sich angemeldet haben, sehen Sie Ihr Konto-Dashboard.

Kostenlose und kostenpflichtige Konten haben ein ähnliches Aussehen. Ich werde für den ersten Teil dieses Buches ein kostenloses Konto verwenden und dann zu einem kostenpflichtigen Konto wechseln, um einige der Verwaltungsfunktionen (wie die Benutzer- und Raumverwaltung) abzudecken.

Wenn Sie sich für ein Upgrade entscheiden, finden Sie oben eine Option mit der Aufschrift "Pläne und Preise", die Ihnen einen Überblick über die verschiedenen Pläne gibt.

[2]
ERSTE SCHRITTE

> Dieses Kapitel behandelt:
> - Ihr Profil bearbeiten
> - Einrichten einer Sitzung
> - Optionen für Treffen
> - Meeting-Vorlagen
> - Einstellungen

IHR PROFIL BEARBEITEN

Sobald Sie sich bei Zoom angemeldet haben, sind Sie technisch gesehen startklar - Sie können sofort mit Ihrem ersten Meeting beginnen.

Ich empfehle, damit noch zu warten und zuerst Ihr Profil zu aktualisieren. Sie können dies tun, indem Sie auf Profil auf der linken Seite klicken. Alles, was geändert werden kann, hat eine blaue Option "Bearbeiten" daneben (oder "Profilbild ändern"). Ich empfehle Ihnen, dies aus zwei Gründen zu tun: Erstens, wenn Sie Ihr persönliches E-Mail-Konto verwendet haben, hat es vielleicht einen Avatar, den die Mitarbeiter nicht sehen sollen, oder es hat einen Spitznamen anstelle Ihres echten Namens (auf meinem steht zum Beispiel "Scott Douglas", mein Pseudonym für viele Bücher); zweitens müssen Sie vielleicht die Zeitzone aktualisieren - so stellen Sie sicher, dass Sie keine Besprechungen verpassen (wenn Sie eine geplante Besprechung haben und die falsche Zeitzone angegeben ist, bekommen Sie die falsche Zeit und verpassen die Besprechung).

Wenn Sie auf "Bearbeiten" neben Ihrem Namen klicken, haben Sie die Möglichkeit, Dinge wie Ihre Telefonnummer, Ihre Berufsbezeichnung und Ihren

Standort hinzuzufügen. Das ist alles optional, kann aber je nach Nutzung des Kontos von Vorteil sein.

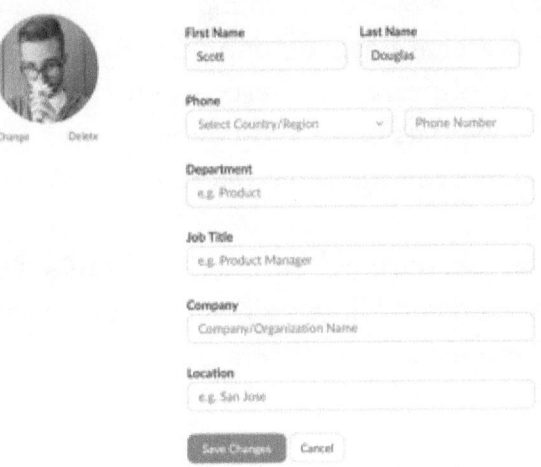

Unten auf der Profilseite befindet sich eine Stelle, an der Sie Ihren Kalender synchronisieren können. Wenn Sie also zu einer Besprechung eingeladen werden, sehen Sie diese in Ihrem Google-Kalender (oder in dem von Ihnen synchronisierten Termin).

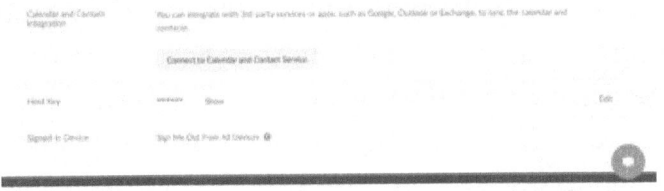

Wenn Sie hier etwas ändern, müssen Sie es speichern.

GASTGEBER FÜR IHR ERSTES TREFFEN

Bevor Sie eine Besprechung beginnen können, müssen Sie eine Besprechung planen. Keine Sorge: Wenn Sie sofort mit der Besprechung beginnen möchten, wird es einen Weg geben, dies zu tun. Aber Sie müssen trotzdem mit der Terminierung beginnen.

Gehen Sie dazu auf der rechten Seite auf Besprechungen und klicken Sie auf das blaue Feld Neue Besprechung ansetzen.

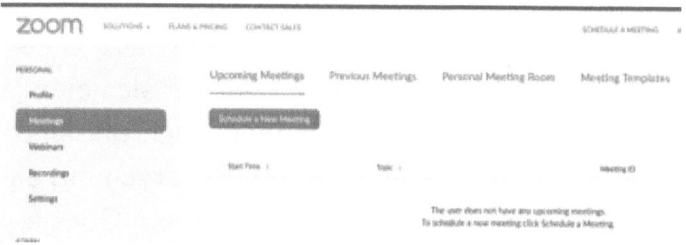

Als Nächstes geben Sie die Details Ihrer Besprechung ein. Technisch gesehen müssen Sie hier nichts tun. Sie können einfach alle Standardeinstellungen übernehmen. Durch das Hinzufügen von Details wird die Besprechung jedoch besser identifizierbar. Ein eindeutiger Name wie "Morning Standup Call" ist zum Beispiel hilfreich, wenn Sie mehrere Besprechungen geplant haben. Wenn Sie den kostenlosen Plan nutzen, sehen Sie auch die Warnung über 40-Minuten-Anrufe.

In der Nähe des unteren Bereichs sind zwei Dinge besonders hervorzuheben. Das eine ist die Option "Video". Das bedeutet nicht, dass es sich nicht um einen Videoanruf handeln wird. Es bedeutet nur, dass das Video ausgeschaltet ist, wenn die Teilnehmer zum ersten Mal teilnehmen. Dies wird empfohlen, damit die Teilnehmer Zeit haben, sich einzustellen, bevor die anderen ihr Gesicht sehen. Der zweite Punkt, auf den Sie achten sollten, sind die Besprechungsoptionen. Wenn Sie z. B. möchten, dass die Teilnehmer schon vor Ihrer Ankunft teilnehmen können, können Sie die erste Option "Teilnahme vor dem Gastgeber aktivieren" aktivieren. Sie können auch alle Teilnehmer stumm schalten, sobald sie eintreffen. Schließlich können Sie die Besprechung automatisch auf Ihrem

Computer aufzeichnen (wenn Sie diese Option nicht ankreuzen, gibt es eine Option zum Aufzeichnen, sobald die Besprechung begonnen hat). Sobald Sie alles gespeichert haben, wählen Sie Speichern.

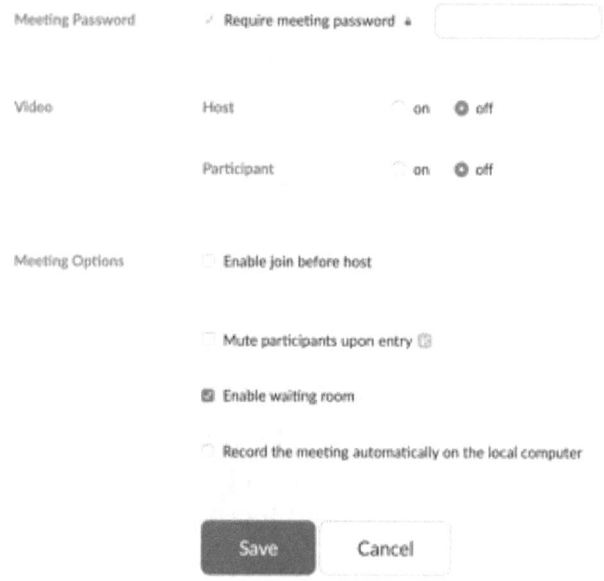

Nachdem Sie Ihre Besprechung gespeichert haben, wird sie als bevorstehende Besprechung angezeigt. Von hier aus haben Sie die Möglichkeit, es zu löschen oder zu starten. Wenn Sie es also so schnell wie möglich starten möchten, klicken Sie einfach auf "Starten".

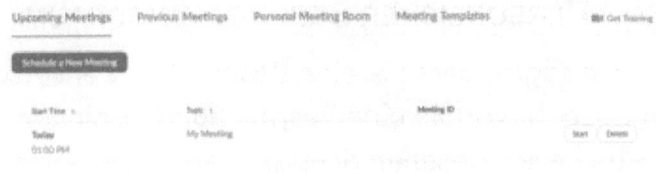

MEETING-OPTIONEN

Bevor wir uns ansehen, was passiert, wenn Sie eine Besprechung starten, wollen wir uns kurz die drei anderen Registerkarten des Besprechungsmenüs ansehen.

Wenn Sie in diesem Buch etwas sehen, das in Ihrer Version von Zoom nicht vorhanden ist, liegt das wahrscheinlich daran, dass die Einstellung ausgeschaltet ist. Schalten Sie sie ein und starten Sie die Software neu, dann sollten Sie es sehen.

VORHERIGES TREFFEN

Wie der Name schon sagt, zeigt die erste Option alle Ihre früheren Besprechungen an. Sie können diese löschen oder neu beginnen.

Persönlicher Besprechungsraum

Ich sagte, dass Sie eine Besprechung ansetzen müssen, bevor Sie eine Besprechung beginnen. Das ist technisch gesehen richtig, aber es gibt auch die Möglichkeit, eine so genannte persönliche Besprechung zu beginnen. Dabei handelt es sich eher um eine private Besprechung unter vier Augen. Es handelt sich dabei um eine Art spontane Besprechung, bei der Sie kurz etwas besprechen können.

Meeting-Vorlagen

Besprechungsvorlagen helfen Ihnen, Zeit zu sparen, indem sie gemeinsame Besprechungen speichern. Nehmen wir an, Sie haben viele zehnminütige Scrum-Besprechungen. Sie können eine Besprechung als Vorlage speichern und diese

Vorlage dann einfach kopieren, wenn Sie eine ähnliche Besprechung starten möchten. Standardmäßig ist die Registerkarte natürlich leer, weil Sie noch keine Daten gespeichert haben.

Upcoming Meetings   Previous Meetings   Personal Meeting Room   Meeting Templates

You do not have any meeting template.
You can choose a Meeting, edit it and save as a template.

Wenn Sie auf Ihre bevorstehenden Besprechungen oder vorherige Besprechungen gehen und dann auf den Namen einer beliebigen Besprechung klicken, können Sie die Besprechungsdetails aufrufen. Scrollen Sie bis ganz nach unten und Sie sehen eine Option zum Speichern der Besprechung als Vorlage.

Save as a Meeting Template

Wenn Sie zu den Besprechungsvorlagen zurückkehren, sehen Sie nun eine Option, um die Besprechung mit der Vorlage zu planen. Sie können bis zu 40 Vorlagen speichern.

Einstellungen

Der letzte Abschnitt im Menü "Persönlich" enthält die Einstellungen.

Wenn Sie diesen Bereich aufrufen, sehen Sie oben ein Registerkartenmenü mit drei Optionen: Besprechung, Aufzeichnung und Telefon.

Ich werde in diesem zweiten Bereich etwas zurückgehen, da die meisten Dinge, die wir behandeln, im ersten Bereich zu finden sind. Schauen wir uns jedoch ganz kurz die beiden anderen Menüs an: Aufnahme und Telefon.

Unter "Aufzeichnung" können Sie festlegen, von wem und wie eine Online-Konferenz aufgezeichnet werden kann. Sie können auch ein- und ausschalten, ob die Aufzeichnung automatisch erfolgen soll und ob Sie eine Verzichtserklärung wünschen, damit alle Teilnehmer wissen, dass sie aufgezeichnet werden.

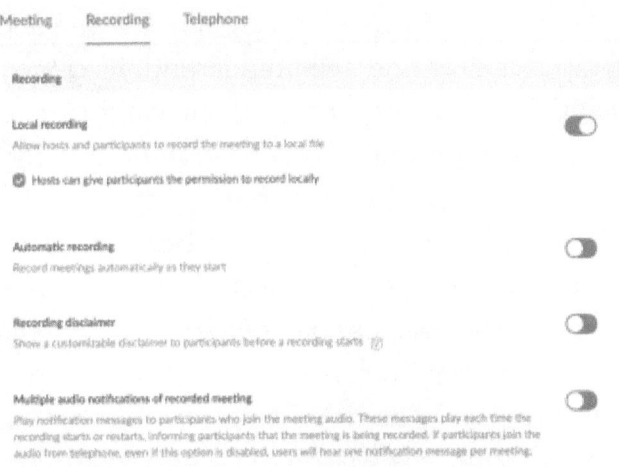

Das letzte Menü, Telefon, enthält nur zwei Optionen, die beide nur ein- und ausschaltbar sind. Mit der einen Option können Sie internationale Telefonnummern in der Einladungs-E-Mail anzeigen lassen und mit der anderen die Telefonnummern der Anrufer ausblenden.

Meeting   Recording   Telephone

Show international numbers link on the invitation email
Show the link for Zoom International Dial-in Numbers on email invitations

Mask phone number in the participant list
Phone numbers of users dialing into a meeting will be masked in the participant list. For example 888***666

EINSTELLUNGEN (BASIC)

Die meisten Besprechungseinstellungen sind nur Kippschalter und selbsterklärend. Es gibt jedoch einige, die es wert sind, ein wenig ausführlicher behandelt zu werden. Die ersten befinden sich unter dem Menü "Grundeinstellungen".

Der Chat-Funktion sollten Sie besondere Aufmerksamkeit widmen. Abhängig von den Nutzern sollten Sie sie vielleicht ganz ausschalten. Ich werde später in diesem Buch näher darauf eingehen, wie das Chatten bei Zoom funktioniert, aber für den Moment sollten Sie wissen, dass es hier Optionen gibt, um es einzuschränken.

Alles, was ein V daneben hat, bedeutet, dass es nur in bestimmten Versionen von Zoom verfügbar ist - normalerweise 4.0 oder höher: zu diesem Zeitpunkt ist es Version 5.1.0.

In Meeting (Basic)

Require encryption for 3rd party endpoints (SIP/H.323)
By default, Zoom requires encryption for all data transferred between the Zoom cloud, Zoom client, and Zoom Room. Turn on this setting to require encryption for 3rd party endpoints (SIP/H.323) as well.

Chat
Allow meeting participants to send a message visible to all participants

○ Prevent participants from saving chat ⊙

Private chat
Allow meeting participants to send a private 1:1 message to another participant.

Auto saving chats
Automatically save all in-meeting chats so that hosts do not need to manually save the text of the chat after the meeting starts.

Sound notification when someone joins or leaves

Unter Dateiübertragungen gibt es eine Option, mit der Sie einschränken können, was gesendet werden darf. Wenn Sie beispielsweise nur Word-Dateien freigeben möchten, nicht aber Fotos oder Videos, können Sie dies dort speichern. Um nur bestimmte Dateien zuzulassen, aktivieren Sie das Kontrollkästchen Nur bestimmte Dateitypen zulassen.

Zoom-Fenster während der Bildschirmfreigabe anzeigen ist eher eine Voreinstellung. Wenn Sie Ihren Bildschirm für eine Präsentation freigeben, können Sie standardmäßig keine anderen Personen sehen; wenn Sie diese Option aktivieren, werden die Teilnehmer angezeigt.

File transfer
Hosts and participants can send files through the in-meeting chat.

◯ Only allow specified file types

Feedback to Zoom
Add a Feedback tab to the Windows Settings or Mac Preferences dialog, and also enable users to provide feedback to Zoom at the end of the meeting

Display end-of-meeting experience feedback survey
Display a thumbs up/down survey at the end of each meeting. If participants respond with thumbs down, they can provide additional information about what went wrong.

Always show meeting control toolbar
Always show meeting controls during a meeting

Show Zoom windows during screen share

Screen sharing
Allow host and participants to share their screen or content during meetings

Auf Anmerkungen und Pinnwände gehe ich später ein, aber beachten Sie, dass diese standardmäßig gespeichert werden können; wenn Sie dies nicht möchten, deaktivieren Sie das Kontrollkästchen.

Who can share?

⦿ Host Only   ○ All Participants

Who can start sharing when someone else is sharing?

○ Host Only   ○ All Participants

Disable desktop/screen share for users
Disable desktop or screen share in a meeting and only allow sharing of selected applications.

Annotation
Allow host and participants to use annotation tools to add information to shared screens

☑ Allow saving of shared screens with annotations

○ By default, only the user who is sharing can annotate

Whiteboard
Allow host and participants to share whiteboard during a meeting

☑ Allow saving of whiteboard content

○ Auto save whiteboard content when sharing is stopped

Wenn Sie in Ihrer Konferenz irgendeine Art von Umfrage durchführen, sollten Sie die Option Non-verbales Feedback aktivieren, mit der die Benutzer nonverbal Feedback geben können, indem sie auf Schaltflächen klicken.

Remote control
During screen sharing, the person who is sharing can allow others to control the shared content

Nonverbal feedback
Participants in a meeting can provide nonverbal feedback and express opinions by clicking on icons in the Participants panel.

Allow removed participants to rejoin
Allows previously removed meeting participants and webinar panelists to rejoin

Allow participants to rename themselves
Allow meeting participants and webinar panelists to rename themselves.

Hide participant profile pictures in a meeting
All participant profile pictures will be hidden and only the names of participants will be displayed on the video screen. Participants will not be able to update their profile pictures in the meeting.

EINSTELLUNGEN (ERWEITERT)

Ich werde später in diesem Buch auf Breakout-Räume eingehen. Diese speziellen Räume bieten Ihnen die Möglichkeit, Mini-Sitzungen innerhalb Ihrer Konferenz abzuhalten. Wenn beispielsweise 100 Personen an Ihrer Konferenz teilnehmen, können Sie nach 30 Minuten eine Sitzung mit 10 Gruppen von 10 Personen abhalten, die dann in Minisitzungen gehen und danach in den Hauptraum zurückkehren. Um sie zu nutzen, müssen Sie diese Funktion einschalten (sie ist standardmäßig deaktiviert).

Auch Untertitel sind hier eine Option. Wenn Sie möchten, dass die Leute lesen können, was die Person sagt, dann schalten Sie sie hier ein; bedenken Sie jedoch, dass jemand die Untertitel manuell eingeben muss.

Report participants to Zoom
Hosts can report meeting participants for inappropriate behavior to Zoom's Trust and Safety team for review. This setting can be found on the Security icon on the meeting controls toolbar.

Breakout room
Allow host to split meeting participants into separate, smaller rooms

Remote support
Allow meeting host to provide 1:1 remote support to another participant

Closed captioning
Allow host to type closed captions or assign a participant/third party device to add closed captions

Save Captions
Allow participants to save fully closed captions or transcripts

Far end camera control
Allow another user to take control of your camera during a meeting. Both users (the one requesting control and the one giving control) must have this option turned on.

Die meisten Menschen lieben virtuelle Hintergründe - oder regen sich zumindest nicht darüber auf, wenn andere sie haben. Manche Menschen finden sie unprofessionell und lästig. Wenn Sie zu den letzteren gehören, können Sie die Verwendung von Hintergrundbildern hier deaktivieren.

36 | Erste Schritte mit Zoom

Virtual background
Customize your background to keep your environment private from others in a meeting. This can be used with or without a green screen.

☑ Allow use of videos for virtual backgrounds ☐

Identify guest participants in the meeting/webinar
Participants who belong to your account can see that a guest (someone who does not belong to your account) is participating in the meeting/webinar. The Participants list indicates which attendees are guests. The guests themselves do not see that they are listed as guests. ☐

Auto-answer group in chat
Enable users to see and add contacts to 'auto-answer group' in the contact list on chat. Any call from members of this group will be automatically answered.

Only show default email when sending email invites
Allow users to invite participants by email only by using the default email program selected on their computer

Use HTML format email for Outlook plugin
Use HTML formatting instead of plain text for meeting invitations scheduled with the Outlook plugin

Ich habe bereits erwähnt, dass Sie die Zoom-Software installieren müssen, um sie zu nutzen; das stimmt nicht ganz. Der Gastgeber kann den Benutzern die Verwendung ihres Browsers ermöglichen, indem er diese Funktion aktiviert.

Standardmäßig ist diese Option deaktiviert, da viele Funktionen in der browserbasierten Version von Zoom nicht verfügbar sind.

Allow users to select stereo audio in their client settings
Allow users to select stereo audio during a meeting

Allow users to select original sound in their client settings
Allow users to select original sound during a meeting

Show a "Join from your browser" link
Allow participants to bypass the Zoom application download process, and join a meeting directly from their browser. This is a workaround for participants who are unable to download, install, or run applications. Note that the meeting experience from the browser is limited

EINSTELLUNGEN (SONSTIGES)

Wenn Sie möchten, dass andere Personen Besprechungen in Ihrem Namen planen, können Sie eine Person zuweisen, indem Sie deren Informationen im Abschnitt Planungsberechtigung zuweisen an hinzufügen.

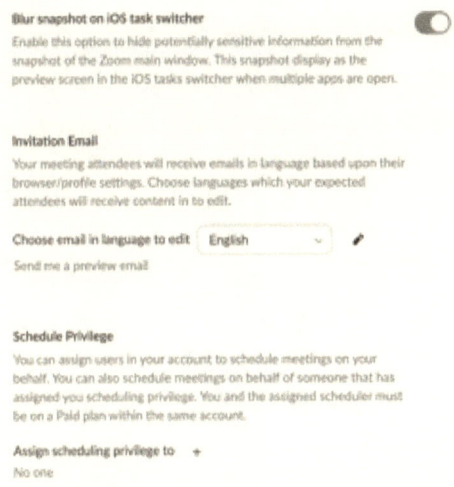

[3]
IHR ERSTER VIDEOANRUF

Dieses Kapitel behandelt:
- Beginn einer Sitzung
- Grundlegende Meeting-Funktionen
- Virtueller Hintergrund
- Chatten im Zoom
- Breakout-Sitzungen
- Ändern von Fensteransichten

EINE BESPRECHUNG BEGINNEN

Um eine Besprechung zu starten, suchen Sie die gewünschte Besprechung und klicken Sie auf die Schaltfläche Besprechung starten. Aber was ist mit den Personen, die an der Besprechung teilnehmen? Sie haben zwei Möglichkeiten:

Erstens: Öffnen Sie die Besprechung, indem Sie auf den Namen klicken und dann nach unten scrollen, bis Sie den Link für die Einladung sehen.

Klicken Sie hier auf die Option Einladung kopieren. Daraufhin wird ein Feld mit den Informationen zur Besprechung angezeigt. Klicken Sie erneut auf die Schaltfläche "Kopieren" und erstellen Sie dann in Ihrer E-Mail eine E-Mail an die Teilnehmer, in die Sie diese Nachricht einfügen.

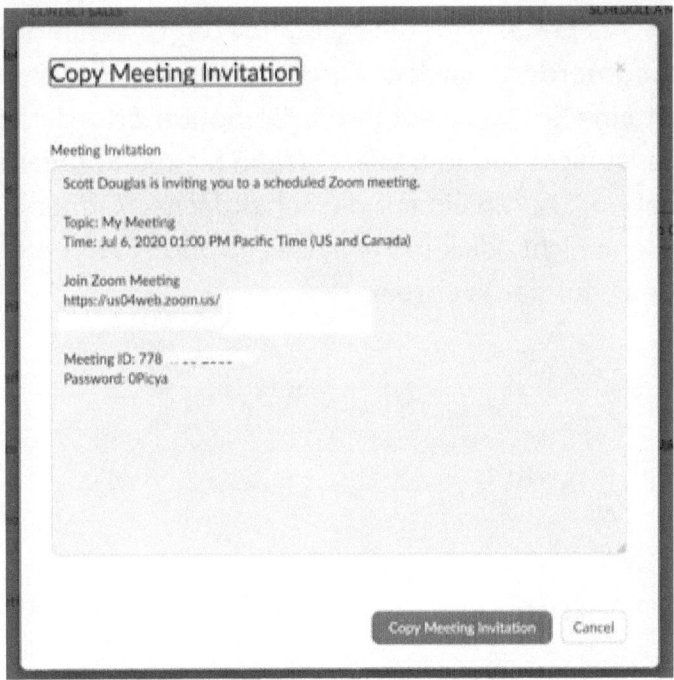

Für die zweite Option müssen Sie ein kleines Add-on für Outlook oder Chrome herunterladen. Damit können Sie Meetings direkt in Ihrem Outlook- oder Google-Kalender planen.

GRUNDLAGEN DER ZOOM-KONFERENZ

Nun, da die Person ihre Einladung erhalten hat, können wir eine Besprechung beginnen und sehen, wie man sie nutzt.

Als Erstes wird ein Feld angezeigt, in dem Sie aufgefordert werden, Zoom zu öffnen. Für Zoom ist eine Software auf Ihrem Computer erforderlich - es ist nicht Cloud-basiert. Wenn Sie die Software haben, klicken Sie auf die Schaltfläche "Öffnen". Wenn nicht, klicken Sie auf die Option "Herunterladen" auf der Webseite.

Als Nächstes sehen Sie die Zoom-Software mit einer Meldung, in der Sie aufgefordert werden, sich mit Computer Audio zu verbinden. Sie können auf die Option darunter klicken, wenn Sie Ihr Audio zuerst testen möchten.

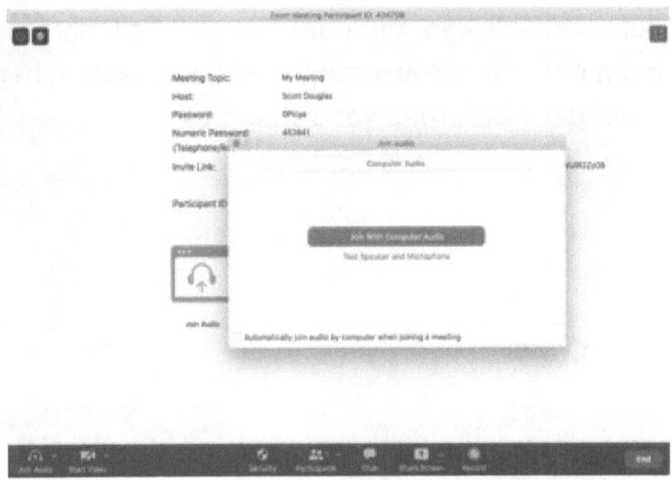

An dieser Stelle haben Sie die Möglichkeit, Personen zur Konferenz einzuladen. Oder Sie können warten, bis sie erscheinen.

Invite Others

Wenn jemand kommt, sehen Sie eine Nachricht mit seinem Namen und der Möglichkeit, ihn zu entfernen oder aufzunehmen. Sie können auch auf "Nachricht" klicken, um dem Teilnehmer eine Mitteilung zu senden, z. B. dass die Besprechung in fünf Minuten beginnt. Solange Sie nicht auf

"Zulassen" klicken, befindet sich der Teilnehmer in einem virtuellen Warteraum und kann nicht sehen, was in der Konferenz vor sich geht.

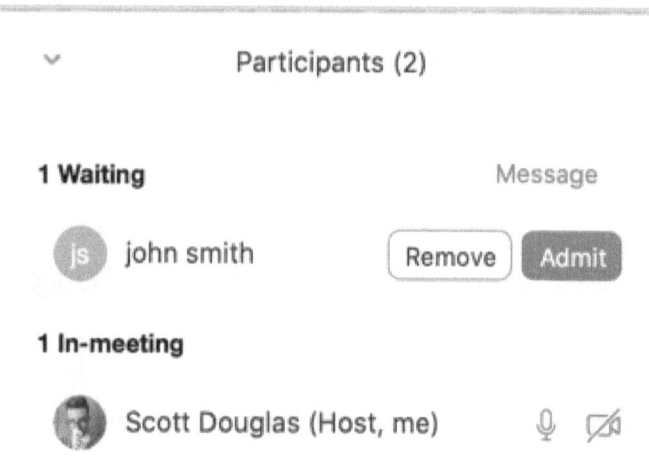

MIKROFON-EINSTELLUNGEN

Die meisten Benutzer werden die Mikrofoneinstellungen nicht ändern wollen; sie sollten automatisch anhand der Computereinstellungen aktualisiert werden.

Sollte dies jedoch nicht der Fall sein, können Sie die Mikrofon- und Lautsprechereinstellungen manuell vornehmen. Klicken Sie dazu auf den Pfeil nach oben neben dem Mikrofonsymbol, wenn Sie sich in einem Konferenzraum befinden.

Daraufhin wird ein Menü angezeigt, das alle verfügbaren Geräte enthält, mit denen Sie eine Verbindung herstellen können.

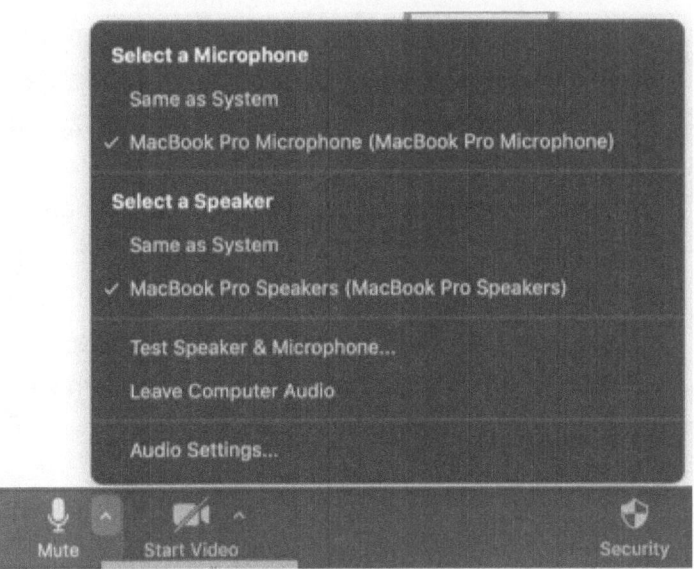

Am unteren Rand des Bildschirms befinden sich die wichtigsten Zoom-Optionen. Die ersten beiden sind Stummschalten und Video starten. Wenn das Symbol mit einer roten Linie versehen ist, ist die Funktion ausgeschaltet. Im Beispiel unten ist mein Video ausgeschaltet, mein Mikrofon jedoch nicht, so dass man mich zwar hören, aber nicht sehen kann. Sie können die Funktionen ein- und ausschalten, indem Sie einmal auf sie klicken.

Das nächste Feld ist Sicherheit. Hier können Sie auswählen, welche Optionen Sie den Personen, die der Konferenz beitreten, einräumen wollen. Wenn Sie beispielsweise möchten, dass Personen den Raum betreten können, ohne dass Sie sie zulassen, können Sie auf Warteraum aktivieren klicken. Denken Sie jedoch daran, dass sich bei einem öffentlichen Link auch Personen bei der Konferenz anmelden können, die Sie nicht möchten. Diese Funktionen werden im weiteren Verlauf des Buches noch ausführlicher behandelt, Sie brauchen sie also jetzt noch nicht vollständig zu verstehen.

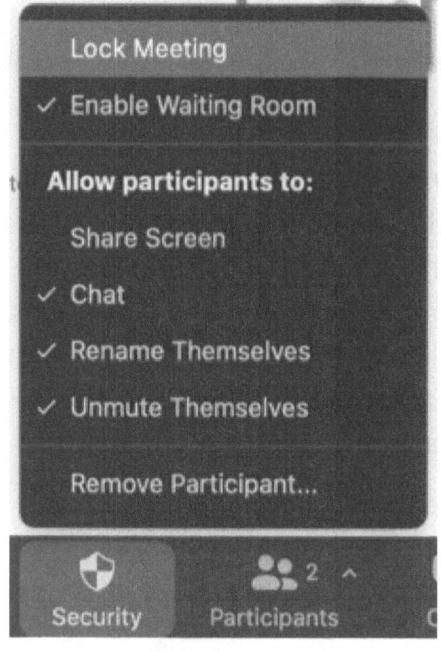

Teilnehmer" öffnet eine Liste aller Teilnehmer im Raum; "Chat" ermöglicht es Ihnen, mit den Teilnehmern im Raum zu sprechen; "Bildschirm freigeben" ermöglicht es Ihnen, den Teilnehmern zu zeigen, was auf Ihrem Computerbildschirm zu sehen ist - dies wird verwendet, wenn Sie etwas präsentieren; und "Aufzeichnen" schließlich ermöglicht es Ihnen, die Besprechung aufzuzeichnen.

Um die Besprechung zu beenden, klicken Sie auf die Schaltfläche Beenden.

ALLE STUMMSCHALTEN

Eine der hilfreichsten Funktionen in Zoom ist die Stummschaltung und die Stummschaltung für alle. Manchmal vergessen die Teilnehmer, ihre Mikrofone während eines Meetings auszuschalten - oder ein Hund bellt und stört das Meeting. In jedem Fall können Sie auf das Teilnehmersymbol klicken, dann den Mauszeiger über die Person bewegen und auf das Mikrofon neben ihrem Namen klicken; alternativ können Sie zum unteren Rand dieses Bildschirms gehen und Alle stummschalten, um alle stummzuschalten.

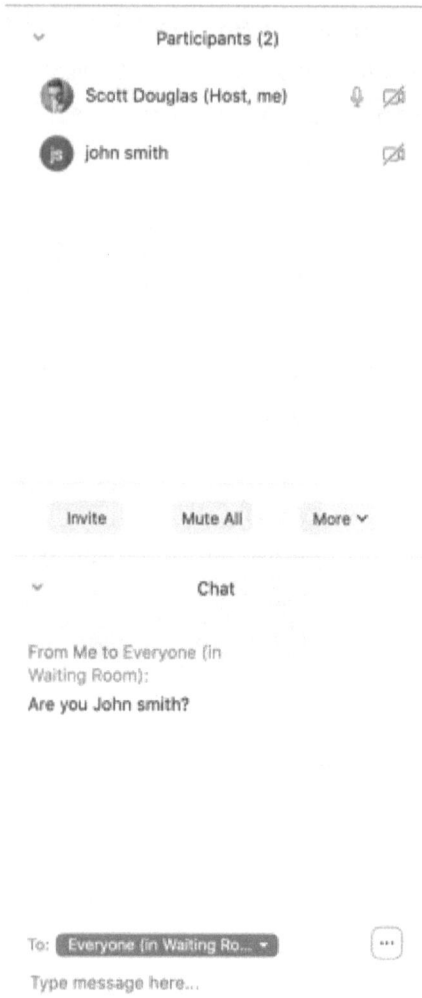

VIRTUELLER HINTERGRUND

Der Vorteil von Zoom gegenüber den meisten Videokonferenzanbietern besteht darin, dass das Unternehmen viel in persönlichere Funktionen investiert. Dies gilt insbesondere für die beliebte

Funktion "Virtueller Hintergrund". Damit können Sie Ihren Bildschirm so verändern, dass es so aussieht, als wären Sie irgendwo anders als in Ihrem Büro.

Um den Hintergrund zu ändern, klicken Sie auf den Pfeil neben dem Video und wählen Sie dann Virtuellen Hintergrund auswählen.

Wenn Sie dies noch nie getan haben, müssen Sie beim ersten Mal ein Schnellpaket herunterladen.

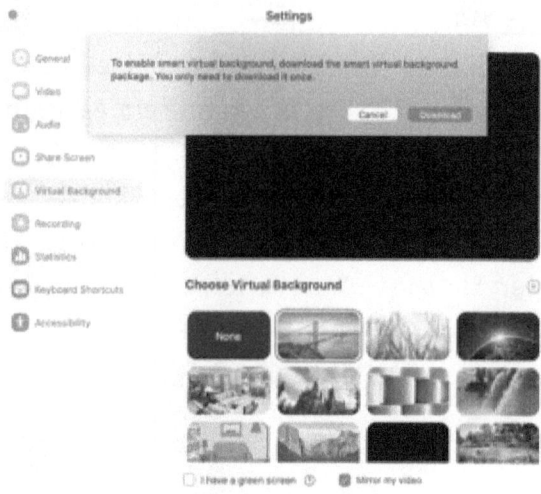

Klicken Sie anschließend auf die Schaltfläche "Plus" neben "Virtuellen Hintergrund auswählen". So können Sie ein Bild finden, das Sie verwenden möchten (Tipp: Wenn Sie keins haben, gehen Sie zu google.com/image und suchen Sie nach Zoom-Hintergründen). Das Bild, das ich hier verwende, ist die Couch aus Die Simpsons.

Sobald Sie es ausgewählt haben, schließen Sie das Feld. Wenn Ihr Video eingeschaltet ist, sehen Sie es sofort; wenn es ausgeschaltet ist, schalten Sie es ein. Dieser Hintergrund bleibt erhalten, wenn Sie die nächste Besprechung beginnen, also seien Sie vorsichtig! Vielleicht haben Sie einen lustigen Hintergrund für eine lockere Besprechung, den Sie bei einer geschäftlichen Besprechung ausschalten möchten.

BENUTZER UMBENENNEN

Manchmal möchten Sie nicht Ihren vollen Namen anzeigen, oder Sie teilen sich Zoom mit einem Ehepartner, und dessen Name wird anstelle Ihres Namens angezeigt. Das Umbenennen ist in Zoom ganz einfach.

Klicken Sie in der unteren Menüleiste auf Teilnehmer, gehen Sie dann zu Ihrem Namen und klicken Sie auf "Mehr"; wählen Sie schließlich Umbenennen.

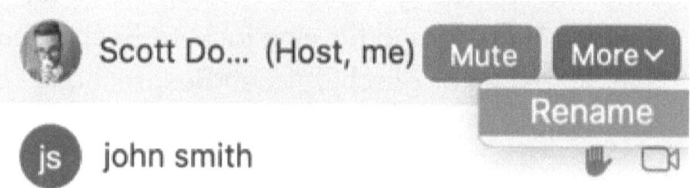

Fügen Sie einen beliebigen Namen hinzu und klicken Sie dann auf die Schaltfläche Umbenennen.

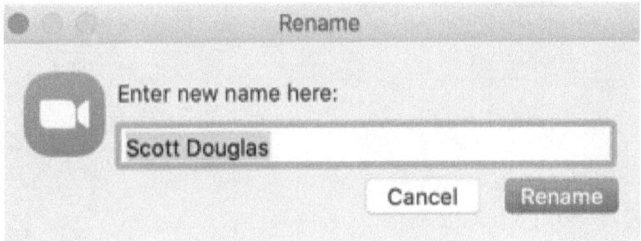

CHATTEN IM ZOOM

Um einen Chat zu starten, klicken Sie im unteren Menü von Zoom auf Chat. Wenn Sie in Zoom chatten, sehen das standardmäßig alle Teilnehmer im Raum.

Chat

Wenn Sie auf Alle klicken, können Sie eine Person auswählen, mit der Sie chatten möchten. Dadurch wird der Gruppenchat in einen privaten Chat umgewandelt, d. h. nur Sie und die andere Person können ihn sehen - nicht alle Teilnehmer der Konferenz.

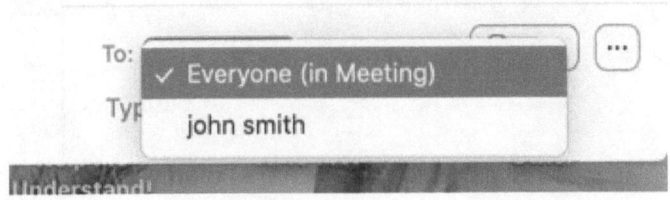

Dass es sich um einen privaten Chat handelt, erkennen Sie an dem roten Text (Privat).

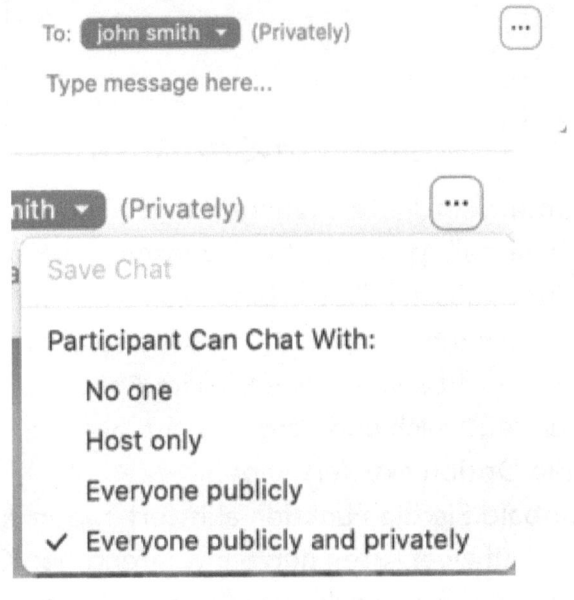

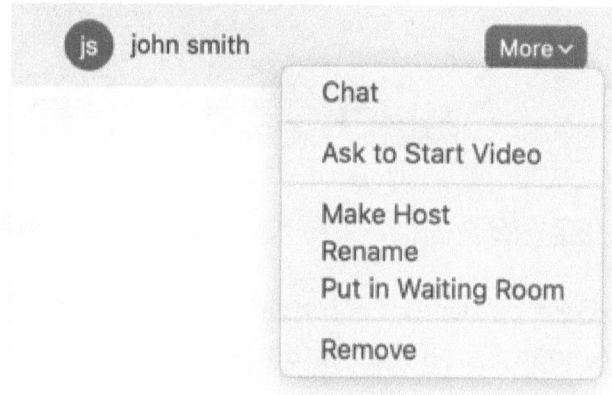

Breakout-Sitzungen

Untergeordnete Sitzungen sind Mini-Konferenzen innerhalb größerer Konferenzen; wie bereits erwähnt, müssen Sie die Einstellung aktivieren, damit dies funktioniert. Wenn Sie also die Option "Raum" nicht sehen, sehen Sie im Abschnitt "Einstellungen" nach und vergewissern Sie sich, dass Sie die Option aktiviert haben.

Sobald Sie die Funktion aktiviert haben, können Sie sie auf zwei Arten nutzen: während der Konferenz und vor Beginn der Konferenz. Ich werde beide Möglichkeiten im Folgenden beschreiben.

Erstellen Sie eine Sitzung während der Konferenz

Wenn Sie Breakout Rooms aktivieren, sehen Sie ein neues Symbol für Breakout Rooms, wenn Sie Ihre Konferenz starten.

Wenn Sie auf das Symbol klicken, sehen Sie Optionen, wie der Raum erstellt werden soll. Er kann entweder automatisch oder manuell erstellt werden. Wenn er automatisch erstellt wird, werden die Personen nach dem Zufallsprinzip der Anzahl der von Ihnen erstellten Räume zugewiesen. Wenn Sie beispielsweise zwei Räume erstellen und zehn Personen an Ihrer Besprechung teilnehmen, werden jedem Raum fünf Personen zugewiesen.

Sobald die Räume erstellt sind, sehen Sie eine Liste mit allen Räumen. Sie können einen Raum hinzufügen, indem Sie auf die Schaltfläche unten klicken, oder auf Neu erstellen klicken, um alles zurückzusetzen.

Wenn Sie auf Optionen klicken, erhalten Sie mehrere Auswahlmöglichkeiten. Standardmäßig muss eine Person manuell akzeptieren, dass Sie sie in einen Raum setzen; mit der ersten Option wird sie automatisch in den Raum gesetzt. Außerdem können Sie die Dauer der Breakout-Sitzungen mit einem Timer versehen - standardmäßig müssen Sie die Räume manuell schließen. Und schließlich können Sie mit der letzten Option festlegen, wie lange die Teilnehmer die Räume nach dem Schließen verlassen müssen. Es ist ratsam, mindestens 60

Sekunden einzustellen, damit die Teilnehmer Zeit haben, ihre Gedanken zu Ende zu denken.

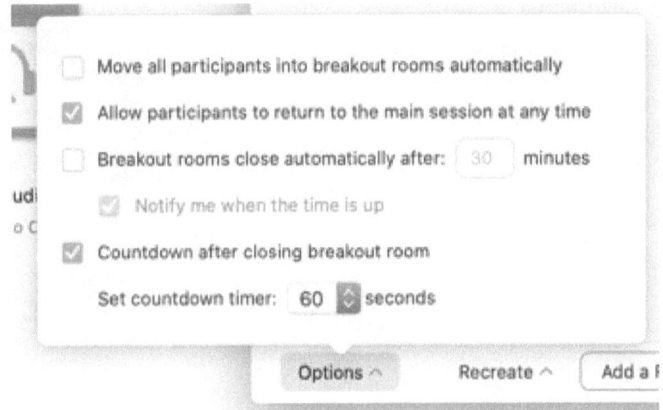

Um eine Person einem Raum zuzuweisen, klicken Sie auf Zuweisen und wählen Sie dann den Namen der Person, die Sie zuweisen möchten.

Sobald sie zugewiesen sind, können Sie alle Teilnehmer in jedem Raum sehen. Wenn Sie bereit sind, eine Gruppensitzung zu starten, klicken Sie auf das blaue Feld Alle Räume öffnen in der unteren rechten Ecke. Wenn Sie dieses Feld schließen, können alle Ihre Einstellungen gespeichert werden. So können Sie Ihre Breakout-Räume zu Beginn der Konferenz einrichten und haben sie für später bereit.

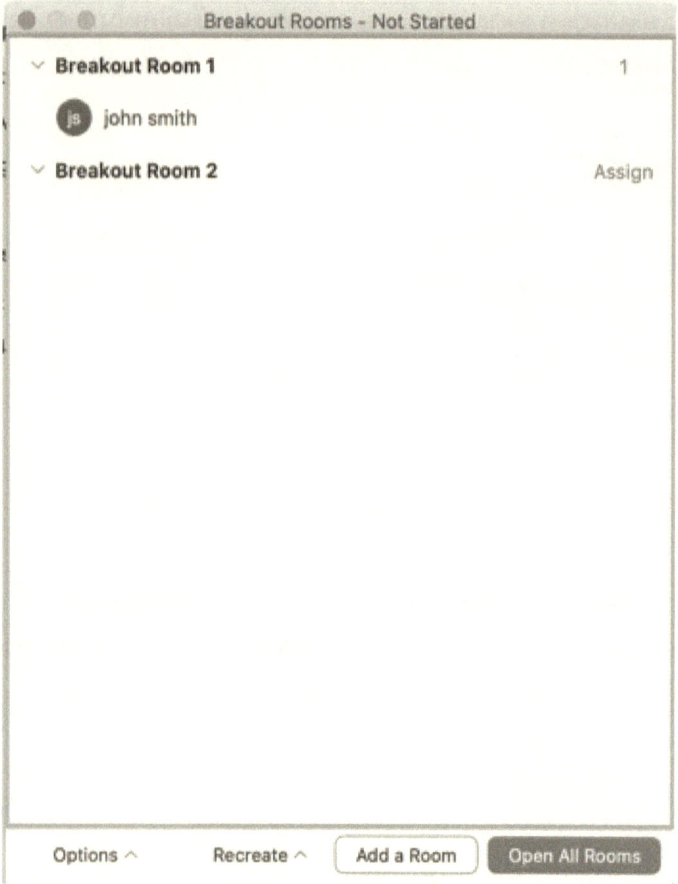

Breakout Rooms - Not Started
Breakout Room 1
1
john smith
Breakout Room 2
Assign
Options
Recreate
Add a Room
Open All Rooms

Sobald die Breakout-Räume beginnen, können Sie überprüfen, wer teilgenommen hat (und wer nicht).

Breakout Rooms - In Progress
Breakout Room 1
Join
john smith (not joined)
Breakout Room 2
Join

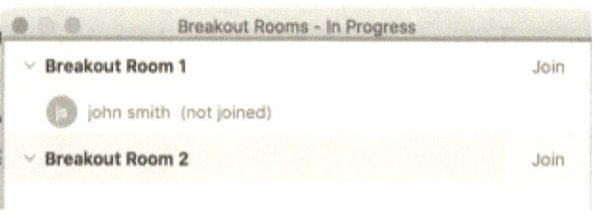

Als Gastgeber befinden Sie sich nicht in einem Breakout Room. Sie haben die Möglichkeit, in jeden von Ihnen erstellten Breakout-Room zu gehen, um zu sehen, wie die Dinge laufen.

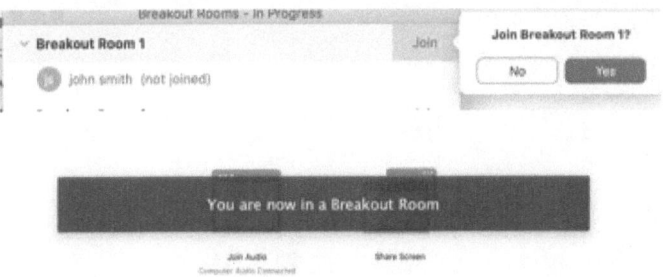

Wenn Sie den Besprechungsraum verlassen möchten, klicken Sie auf Ende und wählen Sie das blaue Symbol Besprechungsraum verlassen aus, um zum Hauptkonferenzraum zurückzukehren.

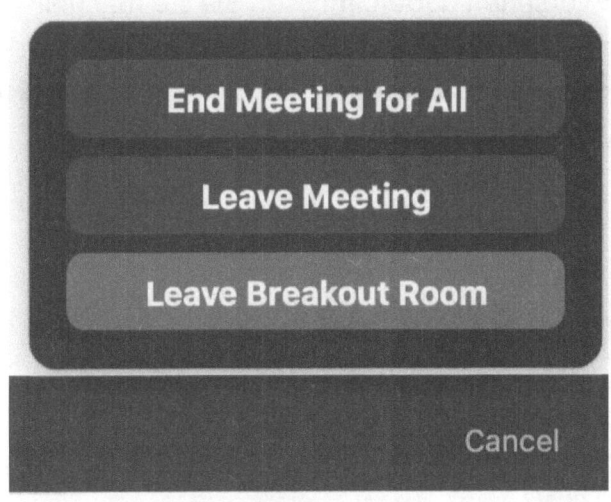

Sie können auch eine Nachricht an alle Personen senden, die sich in einem Besprechungsraum befinden. Klicken Sie auf das Symbol "Gruppenraum" und wählen Sie dann "Nachricht an alle senden" in der unteren linken Ecke.

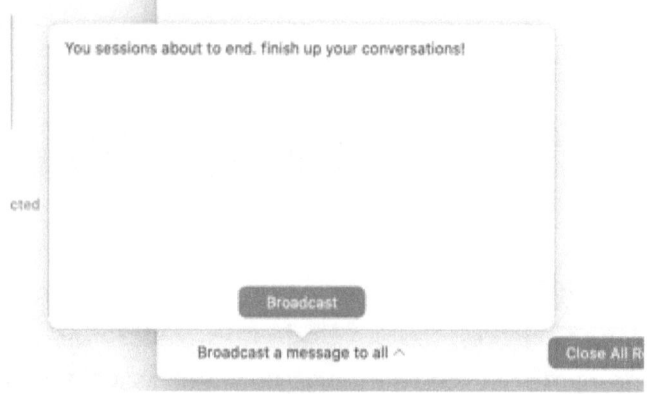

Wenn Sie die Breakout Rooms nicht mit einem Timer versehen haben, müssen Sie sie manuell schließen. Klicken Sie dazu auf das Symbol des Breakout-Raums und dann auf die rote Schaltfläche "Alle Räume schließen".

Auf Ihrer Benutzeroberfläche wird eine Meldung angezeigt, die Ihnen sagt, wie lange die

Benutzer brauchen, um in den Hauptraum zurückzukehren. Einige Benutzer werden wahrscheinlich früher aufhören, so dass Sie sie langsam wieder in Ihrem Hauptraum sehen werden.

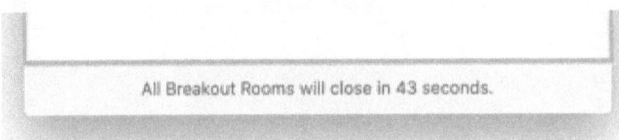

ZUWEISUNG VON GRUPPENRÄUMEN VOR DER KONFERENZ

Sie können auch im Voraus Breakout Rooms einrichten. Dies kann für kleine Unternehmen, in denen jeder seine Arbeits-E-Mails verwendet, von Vorteil sein. Es kann jedoch problematisch sein, wenn alle Teilnehmer nicht ihre Arbeits-E-Mails verwenden. Sie haben vielleicht eine E-Mail, dann nimmt die Person mit einer anderen E-Mail an der Konferenz teil - und wenn die Breakout-Sitzungen beginnen, werden sie nicht zugewiesen.

Wenn Sie die Räume vorab zuweisen möchten, planen Sie eine Besprechung wie gewohnt. Wählen Sie unter "Besprechungsoptionen" die Option "Breakout Room Pre-Assign".

Meeting Options
☐ Enable join before host
☐ Mute participants upon entry ✓
☑ Enable waiting room
☐ Breakout Room pre-assign
☐ Record the meeting automatically on the local computer

Wenn Sie diese Option auswählen, haben Sie zwei Möglichkeiten: Erstellen Sie die Räume manuell oder importieren Sie sie aus einer Liste.

☑ Breakout Room pre-assign
   + Create Rooms   ↥ Import from CSV

Wenn Sie sie manuell erstellen, erhalten Sie ein leeres Feld, dem keine Person zugewiesen ist.

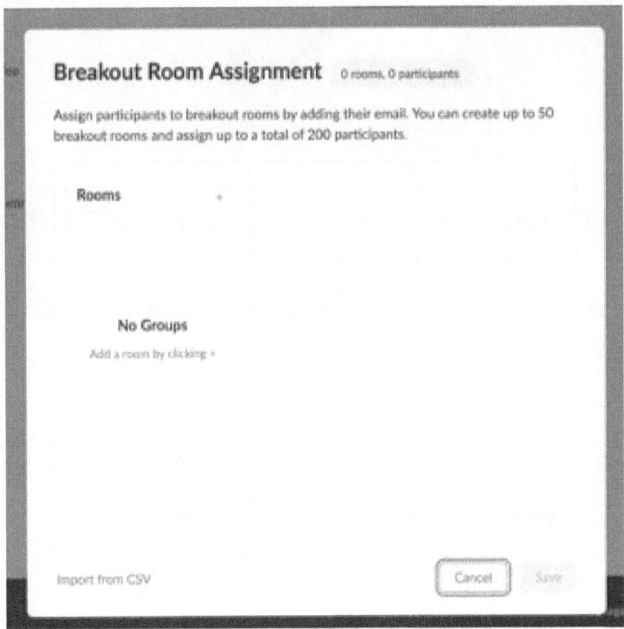

Um einen Raum hinzuzufügen, klicken Sie auf das Symbol + neben den Räumen.

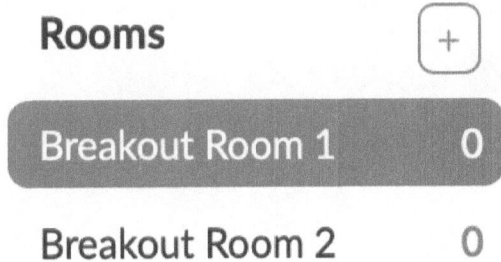

Sobald ein Raum hinzugefügt wurde, können Sie auf das Stiftsymbol klicken, um ihn umzubenennen.

Breakout Room 1

Um jemanden zum Raum hinzuzufügen, fügen Sie einfach dessen E-Mail unter Teilnehmer hinzufügen ein und drücken Sie die Eingabetaste.

Breakout Room 2

Add participants

Sobald Sie Ihre Änderungen gespeichert haben, sehen Sie in Ihren Besprechungsnotizen, wie viele Räume zugewiesen sind; Sie können Bearbeiten wählen, um dies zu ändern.

☑ Breakout Room pre-assign

3 Breakout Rooms Edit

Wenn Sie Personen manuell hinzufügen, müssen Sie eine CSV-Datei hochladen (Sie können im CSV-Format aus Excel oder Numbers exportieren) und dabei die Vorlage von Zoom verwenden. Wenn Sie auf die Importoption klicken, gibt es eine Option zum Herunterladen der Vorlage.

> **Import Rooms and Participants from CSV file**
>
> CSV format requirements: Breakout room name, email. Click to download the template.
>
> ⬆
>
> **Drag & Drop your CSV file**
>
> or browse to choose a file
>
> Tips: You can create up to 50 breakout rooms and assign up to a total of 200 participants.
>
> Cancel

Die Vorlage ist ziemlich einfach: ein Feld für den Namen des Raums und ein Feld für die Personen, die sich in diesem Raum aufhalten. Sie können Zeilen in der Vorlage hinzufügen und entfernen.

breakout_room_template

Pre-assign Room Name	Email Address
room1	test1@xxx.com
room1	test2@xxx.com
room2	test3@xxx.com
room2	test4@xxx.com
room3	test5@xxx.com
room3	test6@xxx.com

FENSTER-ANSICHTEN

Es gibt verschiedene Fensteransichten für Zoom, aber die Teilnehmer müssen ihr Video eingeschaltet haben, um sie nutzen zu können. Wenn Sie also in einer Besprechung sind und nicht wissen, warum einige dieser Ansichten nicht funktionieren, prüfen Sie, ob alle Teilnehmer Video für die Konferenz verwenden.

Gehen Sie dazu oben rechts, wo "Galerieansicht" steht. So schalten Sie zwischen allen Ansichten um. Das offene Kästchen neben der Galerieansicht schaltet Ihre Software in den Vollbildmodus.

Im Vollbildmodus können Sie die Miniaturvorschaubilder auf dem Bildschirm verschieben.

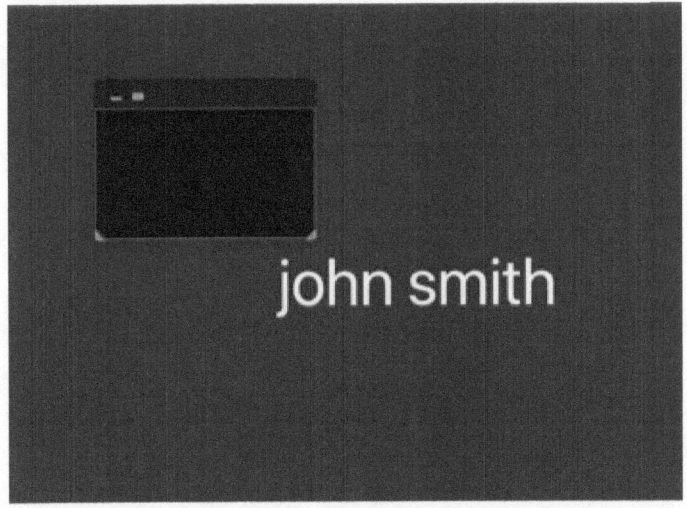

Sie können die Felder auch minimieren, indem Sie auf das Minuszeichen klicken.

Es gibt zwei Ansichten: Die Galerieansicht, in der Sie alle Teilnehmer sehen, und die Sprecheransicht, in der Sie den Hauptredner in einem großen Kasten sehen.

Wenn sich Ihre Software auf einem Mac im Vollbildmodus befindet (in der Galerieansicht), können Sie zu einer anderen Software wechseln und Ihre Konferenzfenster als Bild-in-Bild-Ansicht anzeigen lassen.

[4]
ERWEITERTE KONFERENZEINSTELLUNGEN

Dieses Kapitel behandelt:
- Conferencing-Einstellungen
- Gemeinsame Nutzung des Bildschirms
- Whiteboards
- Verwaltung von Personen in einem Raum

ZOOM-KONFERENZEINSTELLUNGEN

Es gibt zwei Arten von Einstellungen in Zoom. Es gibt Einstellungen in Ihrem Konto und es gibt Einstellungen innerhalb Ihrer Konferenz. Die ersten

Einstellungen haben wir bereits behandelt. In diesem Abschnitt geht es um den zweiten Teil der Einstellungen, den Sie erreichen können, wenn Ihre Konferenz geöffnet ist; klicken Sie auf das Dropdown-Menü und wählen Sie "Einstellungen".

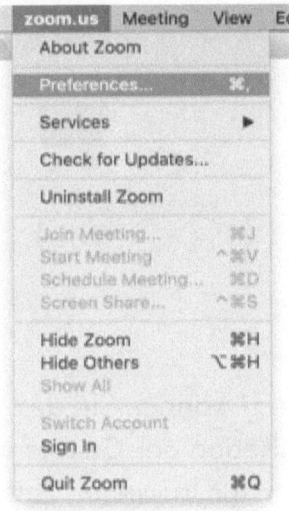

Sie werden fast ein Dutzend verschiedener Einstellungen sehen, die Sie steuern können. Aber keine Sorge! Dies sind alles sehr grundlegende Einstellungen. Und die meisten sind ziemlich selbsterklärend.

Unter Allgemein können Sie mehrere Monitore auswählen (wenn Sie z. B. Ihren Laptop an einen anderen Bildschirm angeschlossen haben); Sie können auch den Hautton Ihrer Reaktionen ändern.

Erste Schritte mit Zoom

Unter "Video" können Sie das Verhältnis ändern und die Organisation der Galerieansicht ändern. Sie können auch Ihr Aussehen aufbessern... aber denken Sie daran, es ist kein Wundermittel! Mit dieser Funktion wird eine Art leichte Unschärfe auf Ihrem Gesicht erzeugt, um Makel zu verbergen.

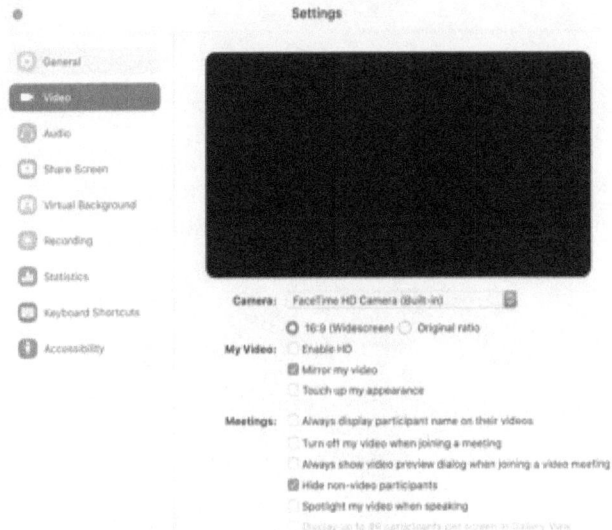

Unten im Menü "Videooptionen" können Sie einige weitere Optionen aufrufen, wenn Sie auf die Schaltfläche klicken.

Wenn Sie Probleme mit Ihrem Mikrofon haben, können Sie in den Audioeinstellungen nachsehen, ob es funktioniert. Wenn Sie sprechen, sollte der Eingangspegel aufleuchten. Wenn das nicht der Fall ist, gibt es wahrscheinlich ein Problem mit dem Mikrofon.

76 | Erste Schritte mit Zoom

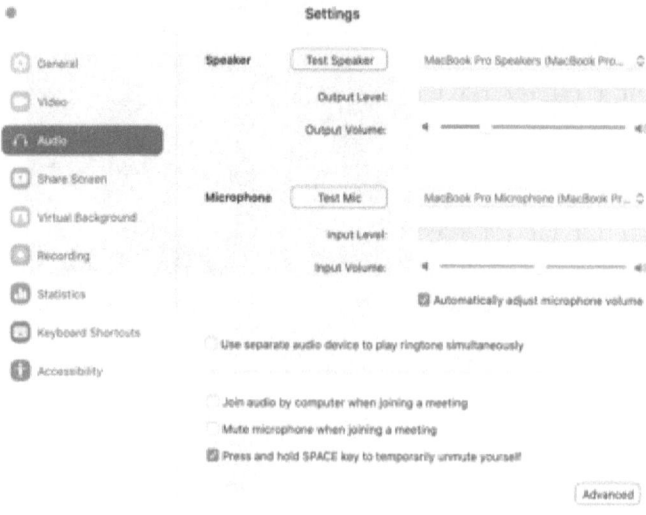

Die Einstellungen für die Bildschirmfreigabe aktualisieren die Darstellung für Sie und andere Teilnehmer, wenn Sie Ihren Bildschirm freigeben.

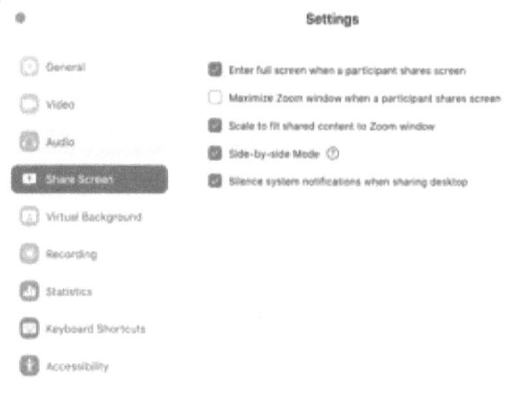

Wenn Sie auf die Schaltfläche Erweitert klicken, stehen Ihnen einige weitere Optionen zur Verfügung.

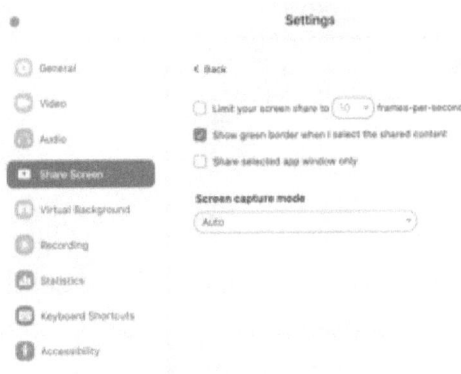

Wenn Sie eine Besprechung aufzeichnen, können Sie im Menü "Aufzeichnung" auswählen, wo die Datei gespeichert werden soll. Sie können auch die Audiodaten jeder Person, die spricht, trennen, was gut ist, wenn Sie die Datei später bearbeiten möchten.

Statistiken sind nicht sehr hilfreich, es sei denn, Sie haben ein Verbindungsproblem. Sie können diese Einstellung verwenden, um zu sehen, wie Sie verbunden sind - wenn Sie zum Beispiel eine schlechte Bandbreite haben. Es ist gut für die Fehlersuche, wenn es ein Verbindungsproblem auf Ihrer Seite oder bei einer anderen Person gibt.

Mit Tastaturkurzbefehlen können Sie den Standardkurzbefehl für jede Funktion durch eine andere Taste ersetzen.

Um eine Tastenkombination zu aktualisieren, klicken Sie auf den Abschnitt Tastenkombination und fügen Sie den gewünschten Tastaturbefehl hinzu.

Die Zugänglichkeit dient dazu, das Aussehen der Untertitel anzupassen - Sie müssen Ihre Untertitelpräferenzen auch im Hauptmenü der Einstellungen aktualisieren.

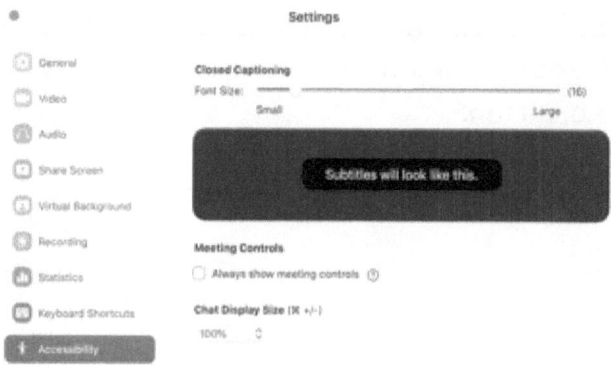

Gemeinsame Nutzung Ihres Bildschirms

Als Gastgeber können Sie Ihren Bildschirm freigeben; Sie können auch bestimmen, ob andere Personen ihren Bildschirm ebenfalls freigeben können.

Klicken Sie auf die Schaltfläche Bildschirm freigeben in Ihrem unteren Menü, und schon können Sie loslegen. Als Erstes werden Sie gefragt, was Sie freigeben möchten. Sie können Ihren Desktop (d. h. alles, was sich auf Ihrem Computerbildschirm befindet), ein bestimmtes Fenster auf Ihrem Desktop, ein Whiteboard (siehe nächster Abschnitt) oder ein Gerätefenster (z. B. ein iPhone) freigeben.

Wenn Sie auf die Registerkarte oben klicken, können Sie zu den erweiterten Einstellungen gehen. Hier können Sie auswählen, ob Sie nur einen Teil Ihres Bildschirms freigeben möchten, ob Sie nur die von Ihrem Computer kommenden Töne freigeben möchten oder ob Sie eine zweite Kamera verwenden möchten.

Auf der letzten Registerkarte schließlich können Sie Dateien von Ihrem Computer für alle Teilnehmer der Besprechung freigeben.

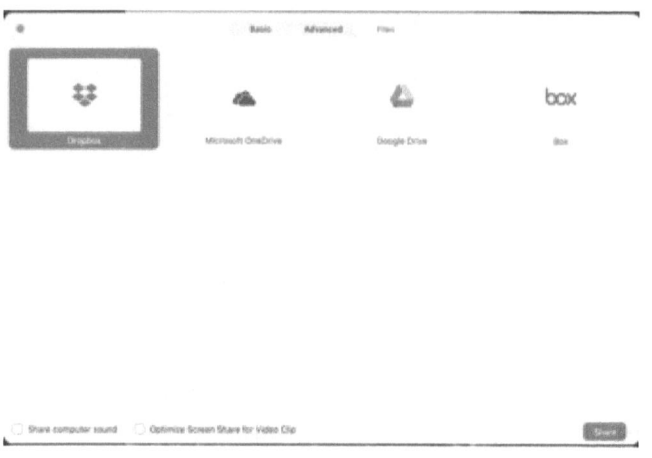

Unten auf jedem dieser Bildschirme sehen Sie zwei Optionen: eine, um den Ton Ihres Computers freizugeben (wenn Sie z. B. einen Bildschirm mit einem Video freigeben, sollten Sie sicherstellen, dass diese Option aktiviert ist); die zweite, um Ihren Bildschirm zu optimieren.

NOTIZEN UND WHITEBOARDS

Unter dem Freigabebildschirm gibt es auch eine Option für ein Whiteboard. Ein Whiteboard ist ein Ort, an dem Sie Notizen machen können, die alle sehen können. Es ist eine großartige Möglichkeit für Brainstorming, da auch andere auf der Tafel zeichnen können.

Die Funktionalität des Whiteboards ist sehr einfach: Sie können Text darauf schreiben, zeichnen oder stempeln. Sie können auch die Spotlight-Taste verwenden, um auf etwas aufmerksam zu machen.

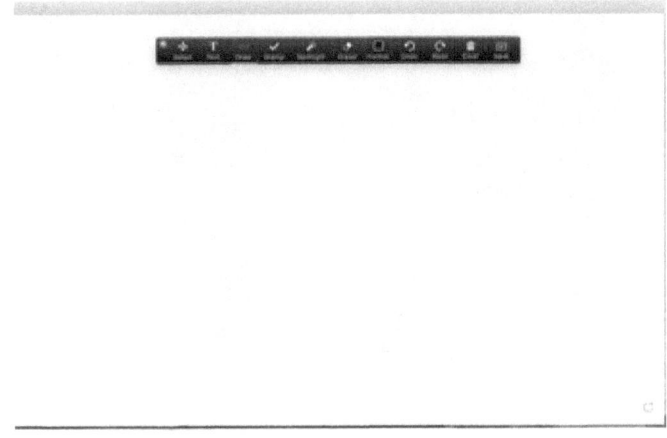

Beim Zeichnen gibt es verschiedene vorgefertigte Elemente, die Sie hinzufügen können, z. B. Kreise und Quadrate.

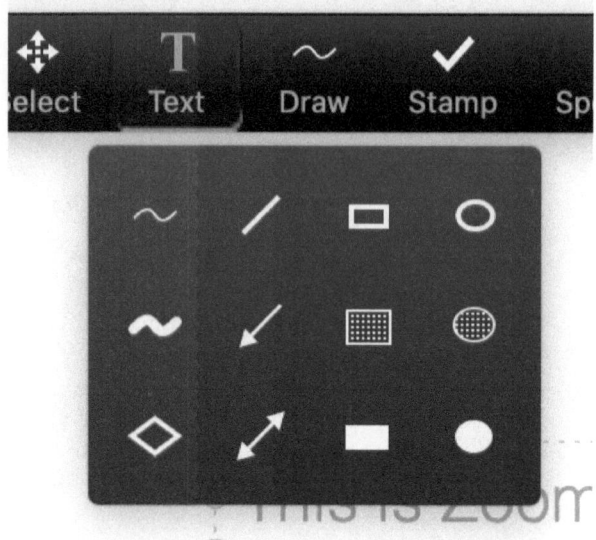

Denken Sie daran, dass jeder das Whiteboard sieht und jeder etwas hinzufügen kann, so dass es schnell unübersichtlich werden kann.

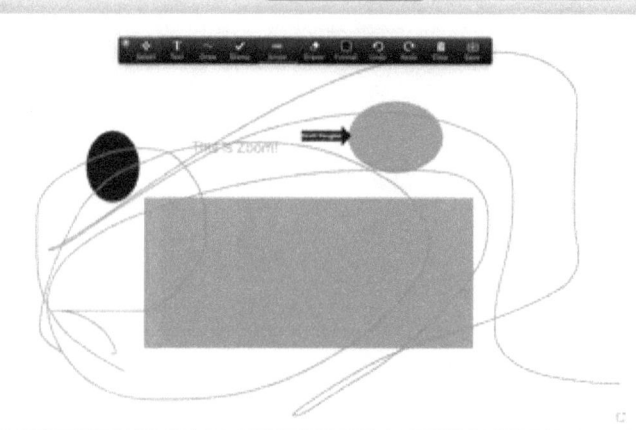

MENSCHEN IN EINER BESPRECHUNG FÜHREN

Als Gastgeber haben Sie die Möglichkeit zu bestimmen, was die Teilnehmer tun können. Wenn z. B. eine Person ihr Video ausgeschaltet hat, können Sie zu "Mehr" gehen und "Video starten" wählen.

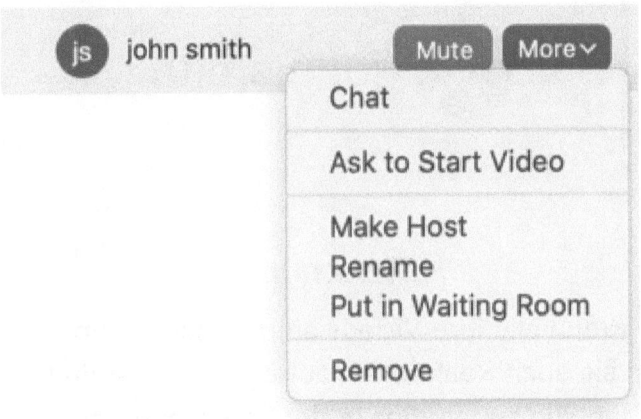

Sie können sie auch stummschalten.

Oder wenn sie stummgeschaltet sind, können Sie sie bitten, die Stummschaltung aufzuheben.

Auf der anderen Seite können die Teilnehmer Ihrer Besprechung auf die Schaltfläche "Hand heben" klicken, um eine Frage zu stellen, ohne die Besprechung zu unterbrechen. Sie sehen ein Handzeichen neben ihrem Namen und können sie jederzeit bestätigen.

Reaktionen

Wenn alle ihre Videos eingeschaltet haben, können sie auch Reaktionen auf die sprechende Person geben. Sie sehen dies in der unteren Symbolleiste als letzte Option. Wenn Sie sie nicht sehen, überprüfen Sie, ob der Video-Feed eingeschaltet ist.

Sie können zwei Reaktionen geben: Klatschen und Daumen hoch.

Andere Nutzer sehen es auf ihrem Bildschirm wie in der Abbildung unten. Reaktionen können verwendet werden, um Personen auf stumm zu schalten und gleichzeitig eine Bestätigung zu erhalten, dass sie etwas gutheißen oder verstehen. Wenn jeder die Stummschaltung aufheben muss, um seine Meinung zu äußern, kann dies den Fluss der Besprechung stören.

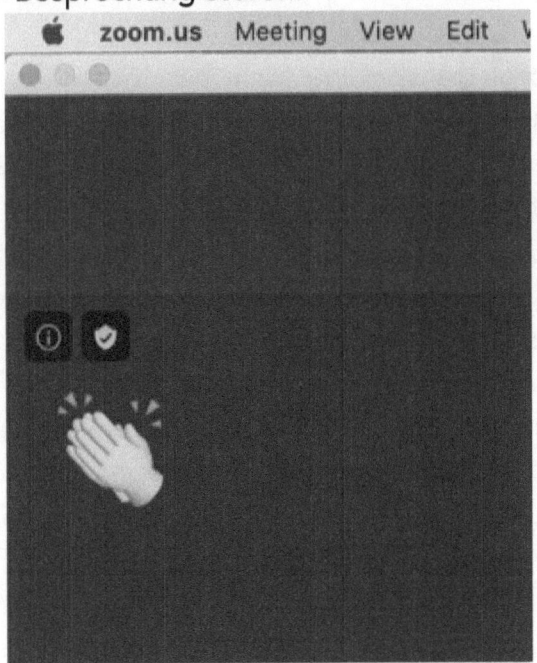

NUR KOSTENPFLICHTIGE FUNKTIONEN

Wahrscheinlich haben Sie Zoom mit dem kostenlosen Tarif begonnen. Warum eigentlich nicht? Der kostenlose Plan ist voll von den leistungsstärksten Funktionen, die im kostenpflichtigen Plan angeboten werden. Warum also wechseln? Der Hauptgrund ist wahrscheinlich die Dauer des Meetings - niemand möchte nach 39 Minuten eines einstündigen Meetings erfahren, dass Ihr Plan nicht mehr als 40 Minuten zulässt. Alle kostenpflichtigen Tarife haben eine unbegrenzte Besprechungsdauer.

Der kostenpflichtige Tarif bietet weitere Vorteile: Sie erhalten eine benutzerdefinierte Meeting-ID, eine Cloud-Aufzeichnung (so dass Sie keinen Festplattenspeicher mehr benötigen, um Meetings lokal zu speichern) und tägliche Berichte darüber, wie Ihre Mitarbeiter die Software nutzen (oder nicht nutzen).

Wenn Sie für Zoom bezahlen möchten, sollten Sie auf dem Rechnungsbildschirm auf zwei Dinge achten. Erstens: Wenn Sie jährlich zahlen (alle Monate im Voraus), erhalten Sie einen Rabatt. Und zweitens müssen Sie für jeden Host bezahlen. Was bedeutet das? Wenn Sie einen Gastgeber haben, können Sie nur ein Meeting gleichzeitig abhalten. Wenn Sie mehrere Meetings benötigen, wählen Sie die Anzahl der Gastgeber, die Sie benötigen.

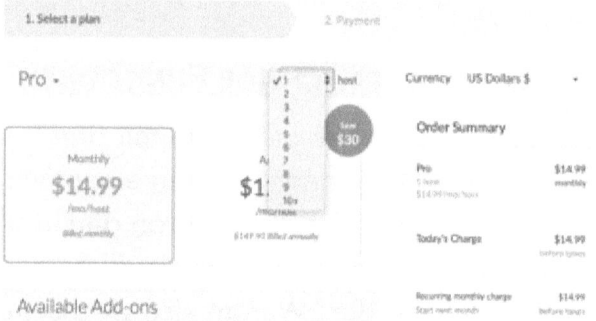

Es gibt auch eine Reihe von kostenpflichtigen Add-ons, wenn Sie zum Beispiel Webinare veranstalten möchten.

[5]
ZOOM VERWALTEN

Dieses Kapitel behandelt:
- Benutzerverwaltung
- Leitung der Gruppe
- Zimmerverwaltung
- Kontoführung
- Webinare

BENUTZERVERWALTUNG

Sobald Sie für ein Abonnement bezahlt haben, werden mehrere Bereiche auf der linken Seite, die bisher geschlossen waren, geöffnet. Die erste Option ist die Benutzerverwaltung.

Unter Benutzerverwaltung können Sie Ihrem Konto Personen hinzufügen. Klicken Sie einfach auf die Schaltfläche +Benutzer hinzufügen (blau) oder führen Sie einen Import durch, wenn Sie eine lange Liste von Benutzern haben. Sie können hier auch nach Benutzern suchen.

Wenn Sie einen Benutzer hinzufügen, können Sie ihm entweder einen Basis- oder einen lizenzierten Plan zuweisen und außerdem eine Beschreibung seiner Person hinzufügen.

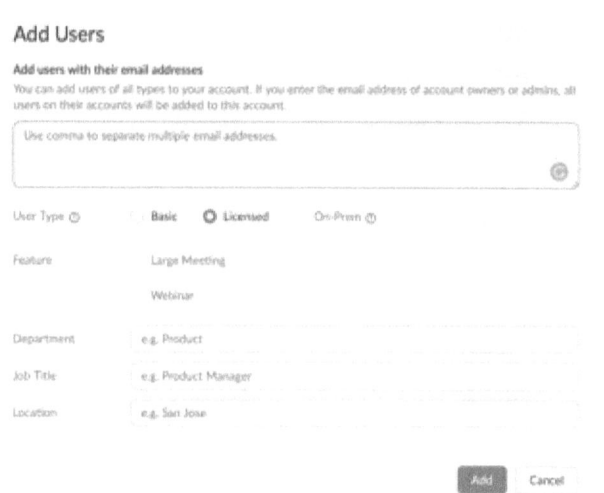

Sobald Sie sie hinzugefügt haben, erhalten sie eine E-Mail von Ihnen, in der Sie sie bitten, die Aufnahme zu bestätigen. Sie sehen ihren Namen unter "Ausstehend", bis sie die Einladung annehmen.

Unter Erweitert schließlich können Sie den Benutzertyp für alle Mitglieder ändern.

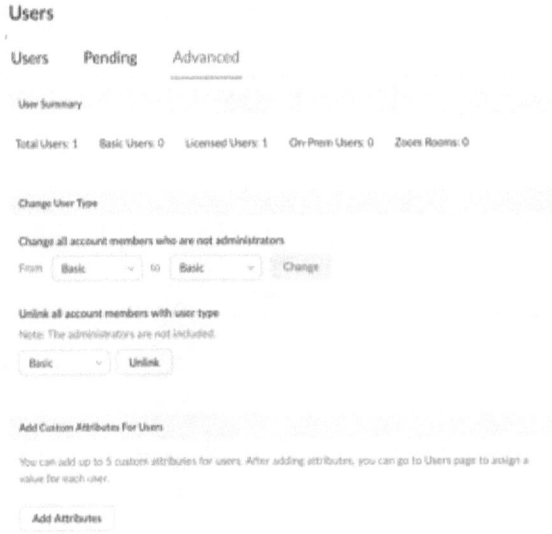

KONZERNLEITUNG

Die Gruppenverwaltung hilft Ihnen, alle Mitglieder zu organisieren. So können Sie z. B. Ihre

IT-Mitarbeiter in einer Gruppe zusammenfassen und die Verwaltungsmitarbeiter in einer anderen. Wenn Sie dann eine Besprechung planen, können Sie die gesamte Gruppe hinzufügen, anstatt jede Person einzeln zu suchen. Klicken Sie auf die blaue Schaltfläche +Gruppe hinzufügen, um loszulegen.

Sie werden aufgefordert, die Gruppe zu benennen und ihr eine Beschreibung zu geben.

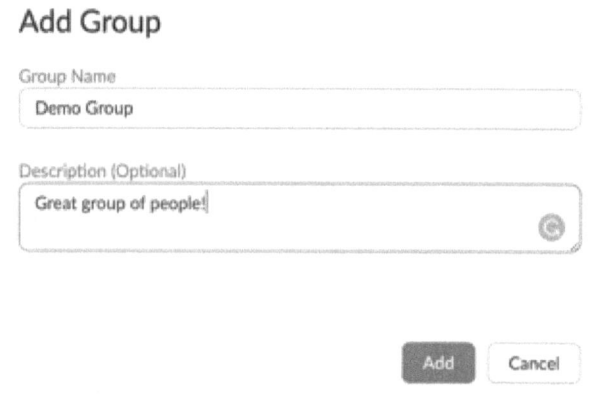

Sobald Sie auf Hinzufügen klicken, wird Ihre Gruppe angezeigt und Sie können auf die Schaltfläche +Mitglieder hinzufügen in der unteren rechten Ecke klicken, um mit dem Hinzufügen von Personen zur Gruppe zu beginnen.

Geben Sie einfach die E-Mail-Adresse ein und klicken Sie dann auf Hinzufügen.

ROLLENMANAGEMENT

Unter Rollenmanagement können Sie verschiedenen Personen in Ihrer Organisation Administratorrollen zuweisen. Klicken Sie auf die blaue Schaltfläche +Add Role, um zu beginnen.

96 | Erste Schritte mit Zoom

Fügen Sie dann die Rolle hinzu und klicken Sie auf Hinzufügen.

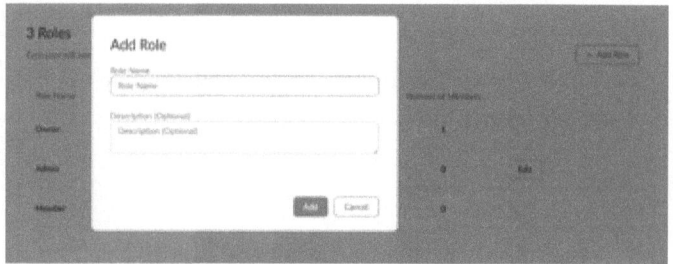

RAUM-MANAGEMENT

Wenn Sie ein kostenpflichtiges Konto haben, können Sie auch private Räume mit eindeutigen Sperrcodes erstellen. Um einen solchen Raum hinzuzufügen, gehen Sie zu Zoom Rooms und wählen Sie die blaue Schaltfläche +Add Room.

Als Nächstes fügen Sie Ihren eindeutigen Sicherheitscode hinzu.

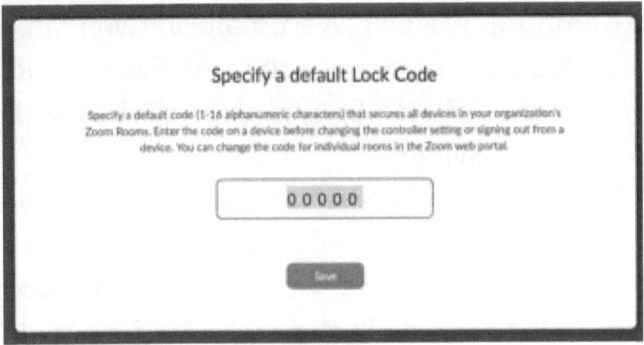

KALENDERINTEGRATION UND DIGITALE BESCHILDERUNG

Innerhalb des Raummanagements gibt es zwei letzte Optionen: Kalenderintegration und Digital Signage-Inhalte.

Die Kalenderintegration ist ziemlich einfach zu verstehen - schließen Sie einfach Google Calendar oder das von Ihnen verwendete Kalendersystem an.

Digital Signage Content ist vielleicht neu für Sie. Wenn Sie an Zoom denken, denken Sie in der

Regel an eine Videokonferenz; Zoom Rooms geht darüber hinaus. Mit Digital Signage können Sie Ihren Computer wie eine Werbetafel verwenden. Stellen Sie sich vor, Sie gehen in ein Fastfood-Restaurant - die digitalen Speisekarten sind eigentlich nur digitale Schilder.

Technisch gesehen könnte man einen großen Computer daran anschließen, aber man kann auch sehr dünne HDMI-Sticks für weniger als 200 Dollar kaufen. Eine schnelle Suche nach "Mini PC Stick" fand den untenstehenden für 149 $. Das ist buchstäblich ein Computer, der nur ein paar Zentimeter groß ist - klein genug, um in Ihre Tasche zu passen! Sie könnten einen dieser Sticks in Ihr HDTV-Gerät stecken, und niemand würde ihn sehen können.

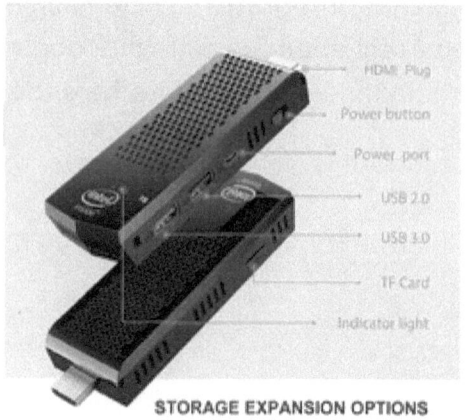

STORAGE EXPANSION OPTIONS

Um Digital Signage hinzuzufügen, klicken Sie einfach auf die Option zur Verwaltung Ihrer Displays.

Wenn Sie einen Raum unter Zoom Room hinzufügen, gibt es eine Dropdown-Option für die Digital Signage-Anzeige.

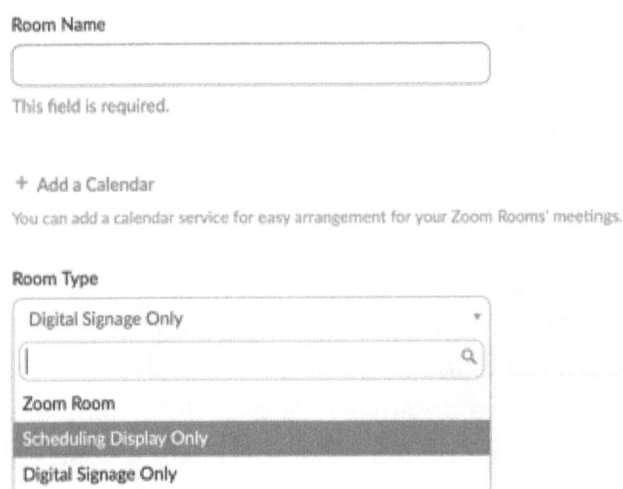

Sobald Sie den Raum hinzugefügt haben, fügen Sie Ihren Standort hinzu. Sobald der Raum hinzugefügt ist, erhalten Sie eine E-Mail mit dem

Aktivierungscode. Öffnen Sie den Computer, auf dem Sie die Beschilderung zeigen möchten, öffnen Sie Zoom und fügen Sie den Code hinzu. Es ist ganz einfach - viel einfacher und billiger als viele der Digital Signage-Unternehmen auf dem Markt!

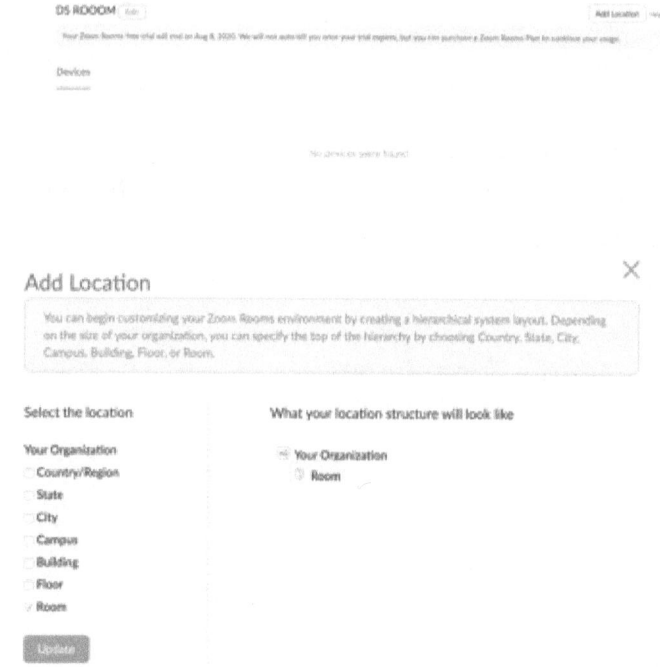

Sobald Ihr Standort hinzugefügt ist, können Sie zu Digital Signage gehen und mit dem Hinzufügen Ihrer Inhalte beginnen. Es gibt Unternehmen, die gegen eine Gebühr Inhalte erstellen, aber viele Leute erstellen sie einfach in PowerPoint oder Keynote mit einer Vorlage und exportieren sie dann als JPEG.

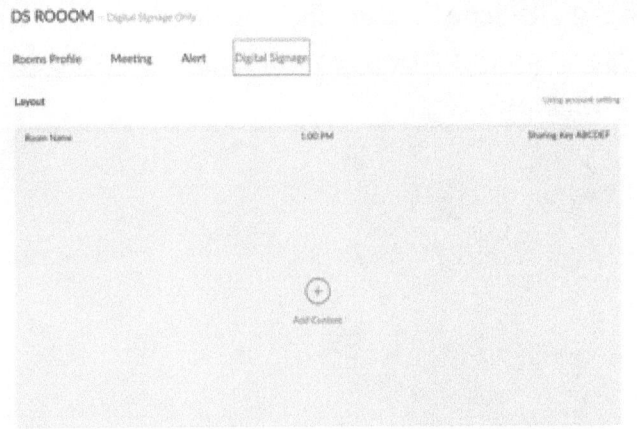

Wenn Sie Inhalte hinzufügen, können Sie eine Art Wiedergabeliste erstellen, so dass Sie genau planen können, wann die Inhalte abgespielt werden. Sie könnten z. B. ein Mittagsmenü bis 15:00 Uhr anzeigen lassen und dann zu einer bestimmten Zeit automatisch zu einem Abendmenü wechseln.

Kontoführung

Die Kontoverwaltung ist aus einem wichtigen Grund wichtig: Hier können Sie Ihren Plan kündigen, bearbeiten oder aktualisieren. Sobald Sie einen aktiven Plan haben, können Sie jederzeit auf die Schaltfläche "Abbrechen" oder "Bearbeiten" klicken, um das Abonnement zu entfernen oder zu aktualisieren.

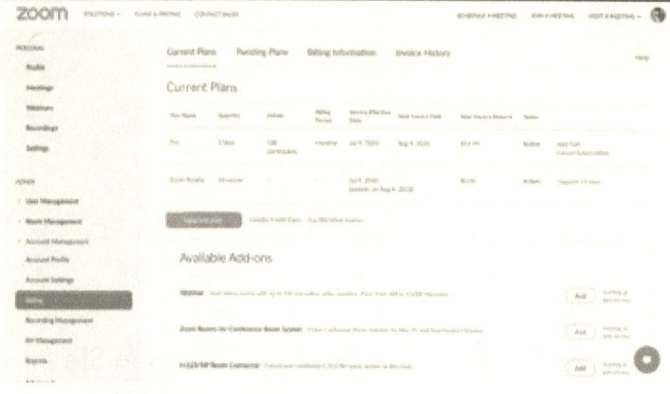

Unterhalb dieses Bildschirms können Sie auch verschiedene Add-ons (wie Webinare) hinzufügen.

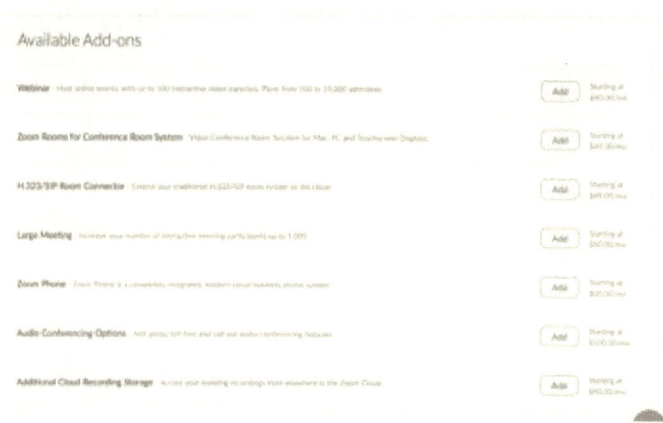

Unter Kontoverwaltung können Sie auch Berichte über die Nutzung von Zoom durch die einzelnen Benutzer abrufen.

Und fügen Sie Instant-Messaging-Gruppen hinzu.

FORTGESCHRITTENE

Die erweiterte Version bietet viele Funktionen, die die meisten Nutzer nicht verwenden werden. Sie können z. B. Branding hinzufügen (allerdings zu einem höheren Preis) und zusätzliche Sicherheit (wiederum zu einem höheren Preis).

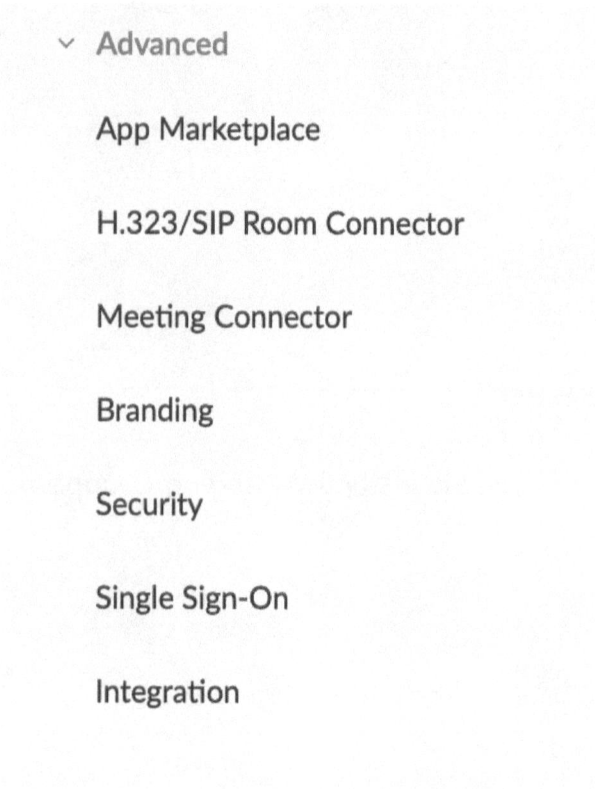

⌄ Advanced

App Marketplace

H.323/SIP Room Connector

Meeting Connector

Branding

Security

Single Sign-On

Integration

Unter Erweitert finden Sie Apps, die Sie verwenden können. Genau wie Ihr Telefon hat auch Zoom Apps. Das sind kleine Zusatzprogramme (viele sind kostenlos), die Zoom erweitern. Wenn Sie zum Beispiel das Slack-Add-on hinzufügen, können Sie Konferenzen in Ihrem Slack-Kanal eröffnen.

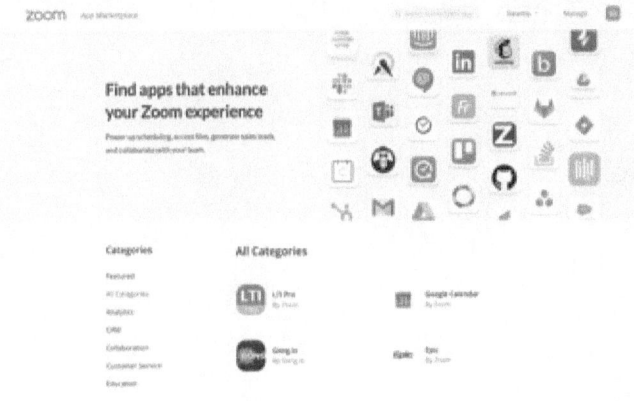

WEBINARE

Webinare sind wahrscheinlich nicht für die meisten Benutzer geeignet. Bei 50 $ pro Monat ist es nur etwas, das Sie hinzufügen möchten, wenn Sie bereit sind, tatsächlich Webinare zu veranstalten.

Der Vorteil, ein Webinar hier zu veranstalten, ist, dass Sie für die Teilnahme Geld verlangen können. Außerdem gibt es viele zusätzliche Funktionen, die Sie auf anderen Plattformen nicht finden, wie z. B. die Durchführung von Umfragen und das Hinzufügen Ihres eigenen Brandings.

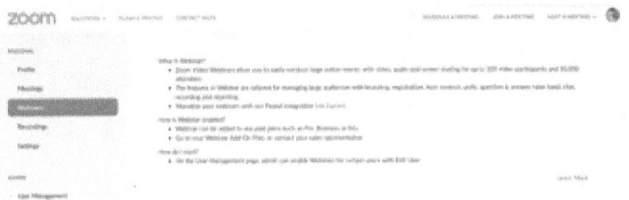

ÜBER DEN AUTOR

Scott La Counte ist Bibliothekar und Schriftsteller. Sein erstes Buch, Quiet, *Please: Dispatches from a Public Librarian* (Da Capo 2008) war die Wahl des Herausgebers der Chicago Tribune und ein Entdeckungstitel der Los Angeles Times; 2011 veröffentlichte er das Jugendbuch The N00b Warriors, das ein Amazon-Bestseller wurde; sein jüngstes Buch ist *#OrganicJesus: Finding Your Way to an Unprocessed, GMO-Free Christianity* (Kregel 2016). Sein neuestes nicht-technisches Buch ist *Jesus Ascended. What Does That Mean?*

Er hat Dutzende von Bestsellern mit Anleitungen zu technischen Produkten geschrieben.

Sie können ihn unter ScottDouglas.org erreichen.

www.ingramcontent.com/pod-product-compliance
Lightning Source LLC
Chambersburg PA
CBHW031533210526
45464CB00014B/2269